Alla mia famiglia

L'ITALIA CHE NON VERRÀ

Prima edizione: 2024

Contatti

nicolazangiacomo@gmail.com

Zangiacomo

L'ITALIA CHE NON VERRÀ

Quale futuro per un Paese invecchiato, impoverito e demoralizzato?

SOMMARIO

PREMESSA

Non credo che mi notereste se ci incontrassimo per strada. Ho trentotto anni, la pelle bianca, non sono né bello né brutto, né ricco né povero e, forse, l'unica cosa che può saltare all'occhio di me è che ho due figli. Pare poco, ma di questi tempi non lo è.

Sarà capitato anche a voi di provare a immaginare cosa ne sarà di questo Paese dove vivono più ottuagenari che neonati, dove gli stipendi languono da tempo sotto la media europea, dove è difficile incontrare qualcuno davvero convinto che le cose possano cambiare. Ma se con gli ultimi due problemi si può convivere (sarebbe meglio di no, ma si può), il primo rappresenta una questione di sopravvivenza.

Non che la denatalità, in Italia, sia un problema nuovo: già nel 1995 – quando dell'immigrazione "di massa", in tal caso quella albanese del 1991, c'era stato solo un assaggio – si era toccato il minimo storico di 1,19 figli per donna. Poi, dall'inizio del nuovo millennio, l'arrivo di migranti è diventato un fenomeno costante e i figli di genitori stranieri, per un decennio, hanno tamponato le perdite fino a che, tra una crisi economico-sociale e l'altra, è ricominciata la discesa e oggi siamo di nuovo al dato del 1995, con una tendenza che non promette alcuna inversione di marcia[1].

Come detto, dunque, nulla di nuovo. Sono dati, questi, che passano a intervalli regolari attraverso i mezzi di informazione e ormai ci siamo tutti abituati a sentirli. Non facciamo nemmeno più caso, passeggiando per un parco pubblico, di incontrare, in media, un passeggino ogni due deambulatori e un bambino ogni quattro o cinque cani. Numeri di cui ho avuto riscontro più volte durante i vari, disperati, tentativi di

---

[1] Per un quadro completo, leggere il rapporto annuale dell'ISTAT (2023).

addormentamento del mio secondo figlio e, anche quando andavo a godermi un po' di meritato riposo al bar del parco, la situazione non cambiava. La sera, c'erano in stragrande maggioranza ultraquarantenni che bevevano Spritz e la mattina ultrasettantenni con il naso sporco di zucchero a velo. L'area giochi per bambini si popolava solo nei fine settimana, ma bastavano quattro altalene, due scivoli e qualche cavallino a dondolo per accontentare tutti. Non nascondo che la cosa mi ha provocato un motto di preoccupazione, oltre che di tristezza, e allora ho cominciato a chiedermi com'è che siamo arrivati a questo punto e a scrivere le risposte che, via via, riuscivo a darmi.

Non ho la pretesa di definire questo libro un "saggio", non ne ha il peso specifico, piuttosto un insieme di pensieri circostanziati. Non aspettatevi, dunque, alcun afflato accademico e neppure sensazionalistico. Non sono professore di nulla e non ho follower i cui appetiti ho necessità di titillare (e monetizzare). Sono una persona a cui piace confrontarsi, documentarsi (come può fare chiunque) e cercare conferme (o smentite) ai propri ragionamenti in dati statistici e indagini attendibili. Quel che è venuto fuori da quasi un anno di lavoro è un impasto di considerazioni, di dati, di preoccupazioni e (ne sono certo) qualche ingenuità. Si tratta di pensieri che ho cucito insieme e riordinato nei ritagli di tempo, a volte figli di sbalzi d'umore repentini, ma ai quali mi sono sforzato di infondere razionalità e leggibilità. Ci troverete, tratteggiata, la storia demografica di questo Paese dall'inizio del Novecento in poi, quella che è la situazione attuale e le prospettive per il futuro. Ho parlato molto di famiglia, perché è l'istituzione sulla quale si è retta finora l'Italia - il suo welfare, per usare un anglicismo - e che, negli ultimi anni, è stata vittima di cambiamenti profondi oltre che di nocive cristallizzazioni. Ho descritto le "mutazioni" subite dagli uomini, dalle donne e dai bambini di questo Paese. E poi gli stranieri, ovviamente, l'educazione, la tecnologia, i soldi e il tempo. Tante cose, me ne rendo conto, ma come si dice in questi casi: tutto si tiene. Ho provato anche a immaginare un futuro diverso e migliore per l'Italia, perché non sta scritto da nessuna parte che debba arrendersi a quel triste ridimensionamento che, invece, la aspetta se nulla cambierà.

IL "PAESE DELLE FAMIGLIE"

Mi viene da sorridere ogni volta che ci vedo ancora rappresentati come il Paese delle famiglie chiassose e numerose; quando, nel 2024, un italiano è ancora tratteggiato, soprattutto in film e serie tv, come una parte inscindibile di una compagine dove c'è sempre qualcuno impegnato a cucinare ragù, qualcuno che urla e gesticola, bambini che si rincorrono e uno scapestrato che si è messo in qualche guaio da cui saranno i parenti a tirarlo fuori. Per avere un esempio, basta guardare come è stata costruita la famiglia italoamericana del protagonista di *The Bear*, acclamatissima serie televisiva di questi anni: siamo ancora di fronte a un ensemble profondamente disfunzionale e numerosissimo che non si discosta in alcun modo dagli stereotipi vecchi di decenni alimentati dai gloriosi film di Coppola, di Scorsese, dal celeberrimo telefilm *I Soprano* (1999-2007) e da un'infinità di opere molto minori dove ogni volta che c'è di mezzo un personaggio italiano (o italoamericano) è solo una questione di tempo prima che compaia anche il nutrito resto della famiglia armata di mestoli.

Mi viene da sorridere perché oggi, in Italia, le famiglie numerose e i bambini che si rincorrono vanno cercati con impegno[2]. Ci vuole dedizione, si deve sapere dove guardare, magari appostarsi all'uscita di un incontro di neocatecumenali. Non basta più uscire dalle ZTL e avviarsi verso le periferie (oppure, in tante piccole città, fare il percorso inverso), visto che neppure gli *stranieri* hanno più voglia di sobbarcarsi questo onere[3]. Si sono emancipati, hanno assorbito i costumi locali.

---

[2] Rapporti annuali dell'ISTAT (2022 e 2023): «Il 2022 si contraddistingue per un nuovo record del minimo di nascite (393 mila, mentre nel 1964, anno di picco del cosiddetto baby boom, nascevano oltre un milione di bambini) e per l'elevato numero di decessi (713 mila). Dal 2008, le nascite si sono ridotte di un terzo, [...] che porta quindi, se si contano solo gli ultimi tre anni, alla perdita di quasi un milione di persone (957 mila unità)». Dati Eurostat sull'Europa: degli Stati membri, l'Italia ha l'età media più elevata con oltre 48 anni.

[3] Secondo il rapporto annuale dell'ISTAT (2023), «le nascite con almeno un genitore straniero [sono] arrivate a costituire circa un quinto del totale dei 562 mila nati del 2010. Successivamente, con il dispiegarsi degli effetti non

Eppure, al di là degli anacronismi e delle semplificazioni tipicamente hollywoodiane, qualcosa di autentico in questa rappresentazione dell'Italia è rimasto: è il cugino scapestrato che si è messo nei guai, quello che arriva in ritardo al pranzo di famiglia, che non smette mai di fumare e che i parenti, dopo averlo rimproverato e preso a scappellotti, si adoperano a salvare da strozzini e malintenzionati. Un salvataggio che è solo temporaneo, ovviamente, visto che quegli stessi guai sono destinati a ripetersi in futuro. Un personaggio che, seppur senza volerlo, altro non rappresenta che l'allegoria dell'incessante opera di assistenzialismo (soprattutto economico) perpetrata dai membri anziani delle famiglie italiane (quelle vere) a beneficio di quelli più giovani, esito ineluttabile dell'ormai più che ventennale stagnazione economica di un Paese

---

solo economici ma anche sociali della crisi del 2008 e poi del 2011-2012, è iniziata una nuova fase di rapida diminuzione delle nascite e del numero medio di figli per donna».

dove gli anziani lavorano fino a ottant'anni e danno la paghetta ai figli, invece che fare un passo indietro e ceder loro il posto.

Se la si guarda con i dati alla mano[4], la famiglia tradizionale italiana non è mai stata così debole: i divorzi aumentano, i matrimoni diminuiscono, c'è la denatalità, le migrazioni all'estero (la famosa *fuga dei cervelli*) – eppure, allo stesso tempo, non è nemmeno mai stata così indispensabile e cercata. È un'istituzione che definire in difficoltà è un eufemismo, eppure è anche quella a cui rimaniamo più tenacemente aggrappati. Ne conosciamo a menadito (o almeno dovremmo) gli effetti deleteri che, nella forma attuale, esercita sull'autonomia e sull'autostima dei suoi membri più giovani, e di conseguenza sul futuro dell'Italia, eppure non riusciamo a immaginarne una vera trasformazione. C'è chi prova, timidamente e con scarsa fantasia, a sfumarne i lineamenti (famiglie

[4]https://www.agi.it/fact-checking/news/2019-10-29/matrimoni_divorzi_come_cambiata_italia-6450905/

più inclusive, variegate e aperte), altri che la difendono a spada tratta nella sua forma idealizzata (e già estinta da tempo), ma nessun movimento o partito politico crede davvero che se ne possa fare a meno - cosa che invece succedeva nella controcultura degli anni Sessanta (l'idea delle comuni, ad esempio) - o descrive una strada che possa condurla nel futuro.

Una rinuncia all'immaginazione, questa, che trova la sua forza nel fatto che anche ai giovani - e soprattutto a loro - le cose vanno bene così. Una famiglia che agisce come sostituto di banche, asili, centri per l'impiego, mense e lavanderie fa comodo a tutti: ai giovani, perché è gratuita, sempre a disposizione e non c'è bisogno di fare nulla per meritarne l'aiuto; agli anziani, perché li fa sentire indispensabili e li tiene occupati; allo Stato, perché ne tampona le mancanze. E stando così le cose è difficile che l'orizzonte cambi. È il classico cane che si morde la coda. I giovani avrebbero bisogno di indipendenza economica per affrancarsi dalla famiglia, ma gli anziani - che li considerano degli smidollati (e chi meglio di loro può saperlo, visto che li hanno cresciuti e educati) proprio perché si appoggiano così tanto ai rispettivi nuclei familiari - non ci pensano proprio a ceder loro il posto. E anche quando questo problema non si pone, quando i figli sono riusciti a farsi una propria vita, gli anziani italiani non smettono comunque di lavorare perché sono cresciuti con il profondo convincimento che il lavoro sia l'unico mezzo di realizzazione personale e affermazione sociale, e non sanno che farsene della propria vita dopo la pensione, che, tra l'altro, spesso è troppo bassa per pensare di potersela godere davvero[5]. Non solo, i nipoti, a patto che si abbia voglia di intrattenerli, sono sempre di meno in numero e quindi non rappresentano una reale alternativa al lavoro.

---

[5] Secondo il report *Condizioni di vita dei pensionati | Anni 2020-21* dell'ISTAT, il 78,4% dei pensionati da lavoro maschi si dichiara ancora occupato (+13,3% rispetto al 2020). Le donne si fermano al 21,6%.

Questo per la disperazione, soprattutto, delle nonne (mancate). Insomma, ci troviamo nel mezzo di un'illusoria pace sociale che scontenta tutti, ma che per via del radicamento delle parti nelle rispettive posizioni e per il terrore che suscita l'idea che cambiando qualcosa le cose possano addirittura peggiorare, nessuno osa turbare.

Tra l'altro, sempre a proposito di stereotipi che ci riguardano, la cosa "buffa" del *boomer* (ormai gli anziani appartengono in maggioranza alla generazione dei *baby boomer*) che non sa che fare della propria vita dopo la pensione è che tale incertezza cozza con un'altra rappresentazione che all'estero (ma anche in patria) ha molto successo, cioè quella dell'italiano scansafatiche che se la cava con la "furbizia" anziché con la fatica, quindi tutto tranne che un individuo disposto a incanutire sul posto di lavoro. E invece, al contrario, basta guardarsi intorno, o rileggere i dati statistici citati in precedenza, per accorgersi che succede l'esatto opposto. Lo strabismo, insomma, è totale.

A ogni modo, quando si parla di stereotipi, non mi sembra il caso di dar loro troppo peso o prenderseli a cuore, dopotutto ogni nazione deve convivere con i propri: i francesi arroganti e snob, i tedeschi monolitici, gli americani grassi e rozzi. E poi, nei secoli, a noi italiani hanno detto (e ci siamo detti da soli) molto di peggio. Per Otto von Bismarck, in Europa, già nell'Ottocento eravamo nient'altro che la «quinta ruota del carro»[6]; Goethe (1816-1817) scriveva che a Roma si trovano «vestigia di una magnificenza e di uno sfacelo che superano, l'una e l'altro, la nostra immaginazione. Ciò che hanno rispettato i barbari, l'han devastato i costruttori della nuova Roma»[7]; per Leopardi (1824), la vita degli italiani era «senza prospettiva di miglior sorte futura, senza occupazione, senza

---

[6] Angelo Del Boca, *Italiani, brava gente? Un mito duro a morire*, Neri Pozza, Vicenza 2005, p. 13.

[7] Johann W. Goethe, *Viaggio in Italia*, Mondadori, Milano 1993, p. 143.

scopo, e ristretta al solo presente»[8] già due secoli fa. Tutte osservazioni che potrebbero essere state fatte ieri e che noi italiani siamo i primi a condividere, segno che le cose vanno così da un pezzo e che le ragioni dei nostri mali non sono da ricercare nei governi (di qualsiasi "colore" essi siano), nella globalizzazione o **#in#** chissà quale altra congiuntura storico-economica, ma nello specchio di casa. I primi a *non averci mai creduto davvero* siamo noi. Come individui ci accontentiamo della prossimità del ricco e del potente ("È un mio cliente, gli ho venduto la cucina", "Suo figlio va a scuola con mio figlio!") e come Italia, quando abbiamo provato a innalzarci a potenza, nel ventennio fascista, ci siamo votati ai principi, ai leader e agli alleati più meschini disponibili su piazza.

Tutto questo, va da sé, fa la felicità degli altri Paesi. L'invecchiamento dell'Italia (e dell'Europa[9])

---

[8] Giacomo Leopardi, *Discorso sopra lo stato presente dei costumi degl'Italiani*, a cura di Maurizio Moncagatta, Feltrinelli, Milano 2008, p. 52.

e la frammentazione cronica del vecchio continente avvantaggiano infatti gli Stati più *giovani*, vicini e lontani. I Paesi *vecchi* non fanno paura a nessuno, non costituiscono alcuna minaccia, ma solo un terreno di conquista. Gli anziani non fremono per urgenze espansive, vogliono solo esser lasciati in pace e al riparo da sconvolgimenti che mettano a rischio quel che si sono sudati nei decenni precedenti. Sanno che è quasi finita e che, dunque, è inutile darsi pena. Sono stanchi, fragili e facilmente impressionabili. Attengono ai giovani, o almeno dovrebbero, il rischio, la scomodità e l'utopia; e di giovani, in Italia come in Europa, ce ne sono sempre meno. E anche quelli che ci sono, al di là di certe trite ostentazioni (la retorica della strada come scuola di vita, di un generico disagio, dell'incomprensione), già a trent'anni mostrano di

---

[9]https://www.infodata.ilsole24ore.com/2024/03/12/nel-2022-le-nascite-in-europa-sono-scese-sotto-quota-4-milioni-scopri-il-tasso-di-fertilita-delle-regioni-europee/?refresh_ce=1

avere le stesse ambizioni, paure e convincimenti degli anziani, perché tutto quello che sentono ripetersi nelle orecchie da mattina a sera sono proprio le raccomandazioni e le lamentele degli anziani che li circondano e li surclassano (largamente) in numero e rumorosità[10]. Coloro che la pensano diversamente, di solito, sono già emigrati all'estero da un pezzo o stanno facendo le valigie. Per questo, e per via del ruolo "cuscinetto" che gioca la famiglia, i giovani italiani non hanno slanci "violenti", non avvertono l'esigenza di accrescere (anche, e soprattutto, a discapito degli anziani) la propria condizione. Hanno già, fino a quando durerà, quel che gli basta per vivere perché glielo forniscono i genitori. Protetti dal denaro - poco o tanto che sia - proveniente dalla famiglia, si adeguano al loro habitat (uno dei più ospitali al mondo) come animali in cattività. Abbandonano gli studi senza riuscire poi a

[10] Dati ISTAT 2023: il rapporto anziani/giovani è di 187,6 a 100. Nello specifico, in Italia ci sono più ottantenni che nuovi nati.

trovarsi un lavoro stabile, oppure studiano all'infinito pur di rimandare il più possibile le decisioni importanti. Si lamentano del costo della vita e si vantano (è diventato un vanto) con gli amici di *non arrivare a fine mese*. La mobilità (precarietà) contemporanea, che ha sostituito il rigido inquadramento del passato (studio, lavoro, figli - plurale - prima dei trent'anni), permette di, e a volte costringe a, procrastinare all'infinito. Nel frattempo ci si arrangia, mentre gli anni passano. Sentendosi le ali tarpate, convinti che non ci sia alternativa, i figli imparano dai genitori che per cavarsela bisogna "farsi furbi" e, per questo motivo, l'evasione fiscale (nelle sue molteplici forme) non è solo moralmente tollerata, oltre che praticata, ma addirittura considerata, in certi casi, *indispensabile* e *giusta*. Non il resto però, non i reati veri, quelli che minano lo *status quo*. Al massimo, possono rientrare nel reame della tollerabilità tutte quelle altre furberie considerate (a torto) innocue per il prossimo: le false dichiarazioni per vedersi dimezzare la retta dell'asilo dei figli, o quelle necessarie a ottenere quella o quell'altra agevolazione fiscale; gli abusi edilizi, i pagamenti in nero, i falsi certificati di invalidità e una miriade di altri "inoffensivi" escamotage. Perché, in fondo, l'italiano - giovane o anziano che sia - non nutre alcun interesse a privare i suoi connazionali - figuriamoci gli stranieri oltreconfine - di quello che hanno, non vuole prenderne il posto, ma desidera piuttosto migliorare la propria condizione esercitando il minor sforzo possibile. Non vuole *cambiare le cose*, vuole trovare il modo di sopravvivere al meglio, e il più a lungo che può, al loro interno. È un fenomeno la cui definizione più calzante che mi viene in mente è quella di *individualismo nano*, perché è concentrato su sé stesso e sprovvisto di vera ambizione. Un individualismo che ha come unico orizzonte la sopravvivenza, o al massimo una volontà di potenza che si ferma all'acquisto di un orologio costoso e di un'auto di grossa cilindrata. È diffuso a tutti i livelli di istruzione e reddito, dall'operaio che viene a piastrellarti il bagno, al commercialista che ti fa il 730, al politico in tv. È intriso di sfiducia verso il futuro e diffidenza verso il prossimo (specialmente se nato in un altro Paese), caratteristiche che a livello imprenditoriale danno origine a quel *capitalismo familiare* in cui siamo specializzati. Aziende (soprattutto piccole, e non potrebbe essere altrimenti) in cui il fondatore, per paura di perdere il controllo o di dover scendere a patti con qualcuno, si rifiuta di cedere quote della proprietà se non tramite passaggi generazionali, indipendentemente dalle qualità e dalle intenzioni dei beneficiari di tale eredità. Così ogni espansione è preclusa e ogni passaggio di consegne tra genitori e figli, spesso rimandato fino alla morte o infermità del padre-padrone, diventa l'occasione per vedere un'azienda imboccare la via del declino o svenduta al miglior offerente dopo qualche anno sciagurato. E i giovani, come detto, non si oppongono mai davvero. Sopportano, perché non hanno né la cattiveria né la fame per andare a prendere il posto dei genitori quando sarebbe il momento. Si angosciano, magari, si struggono per il quotidiano, a volte anche per grandi temi che riguardano il presente e il futuro del pianeta (cambiamento climatico, diritti sociali, innovazione tecnologica, instabilità geopolitica), ma non prendono iniziative davvero mutative e anzi utilizzano gli orizzonti più oscuri come ragione ulteriore per non esporsi. Non ci provano nemmeno, e invece è fondamentale, arrivati a un certo punto della propria vita, poter dire di averci almeno provato, al di là di quello che è stato il risultato. E nel non provarci nemmeno, in senso lato, finisce anche il fare figli. Una rinuncia legittima, un affrancamento da quello che per decenni è stato quasi un obbligo – indipendentemente dalle aspirazioni e inclinazioni personali –, ma che purtroppo è stato sostituito con una corsa penosa, e spesso solitaria, allo svago e al consumo.

Già Mussolini, all'inizio del XX secolo, si preoccupava, oltre che della scarsa ambizione degli italiani (guarda un po'), della fiacca spinta demografica del Paese. Conoscendo l'importanza che le nuove nascite hanno per qualsiasi sogno imperialistico, se ne preoccupava al punto da arrivare a emanare nel 1927 (con il totale appoggio della Chiesa, dopo aver già messo al bando ogni contraccettivo e, a partire dal 1930, reso ufficialmente l'aborto un reato contro «l'integrità e la sanità della stirpe») una pletora di provvedimenti denominati "battaglia per la difesa e lo sviluppo della razza", che consistevano in prestiti alle coppie sposate, in esenzioni fiscali totali a coppie con più di sei figli, nel reclutamento preferenziale nel servizio civile per i maschi sposati e, addirittura, nell'istituzione di una ridicola "tassa sul celibato"[11]. Nel suo delirio, il

[11] Per approfondire, vedi la pagina Wikipedia:

Duce sognava che grazie a tale "cura", parte integrante dell'ideologia fascista, potesse nascere un *italiano nuovo*, un individuo (anzi, tanti individui) dotato di slancio imperialistico e volontà di potenza. Quando però i risultati non si dimostrarono quelli sperati, provò a forzarne la genesi attraverso le conquiste coloniali e la guerra in Europa, iniziative che proprio perché contrarie al benessere dei suoi cittadini e all'economia della nazione avrebbero dovuto sortire un effetto trasformativo, un po' come il metodo del bastone e della carota, ma senza la carota. Ma gli italiani, più avvezzi alla carota, non si sono mai trasformati, non hanno beneficiato dei massacri subìti al fronte o di quelli perpetrati nelle colonie africane a danno delle popolazioni locali, non sono risorti a nuova vita bagnandosi nel sangue, e la prosperità è arrivata solo a guerre finite, con il Piano Marshall, con la cessione agli Stati Uniti di gran parte della

---

https://it.wikipedia.org/wiki/Battaglia_delle_nascite#cite_note-8

propria sovranità (tanto con la sovranità, come con la cultura, non ci si mangia) in cambio di benessere economico. Solo allora, deposte le armi, per l'Italia sono arrivati il boom economico e quello demografico. L'industrializzazione, la "dolce vita", la gloria artistica e quella imprenditoriale. Così, nel 1950, l'età media nel Paese si attestava a poco meno di 30 anni (oggi siamo a 47) e nel 1964, anno del picco demografico, si registravano oltre un milione di nati vivi e 2,7 figli medi per donna (oggi siamo intorno a 380 mila nuovi nati e 1,20 figli per donna). Una crescita certamente robusta, ma comunque contrastata dalle migrazioni che videro, al netto dei rientri, tra il 1946 e il 1971, lasciare l'Italia circa 2,9 milioni di persone.

Non ci volle molto e, complici i mutamenti del mercato del lavoro derivanti dalla crescente industrializzazione e urbanizzazione del Paese, le nascite ricominciarono a calare. I 2,1 figli per donna, che rappresentano il valore che sancisce un teorico equilibrio nel ricambio generazionale, vengono raggiunti per l'ultima volta a metà degli anni Settanta e, come già detto, nel 1995 – a distanza di soli vent'anni, quindi nemmeno una generazione – prima dell'inizio dei flussi migratori (in entrata) *di massa*, siamo già a 1,19, che è lo stesso deprimente valore di oggi[12].

Per quanto riguarda i ruoli all'interno della famiglia, è sempre lo sviluppo industriale che prende campo a partire dalla fine dell'Ottocento a definire quella divisione di compiti tra uomini e donne che sopravvive, ormai moribonda, fino ai giorni nostri. Una vera e propria *separazione delle carriere*, per usare una locuzione che è di moda oggi, che dà origine a una spaccatura molto più profonda di quella che esisteva all'interno della famiglia *contadina* (o preindustriale), dove alle donne era assegnata la cura dei figli, dello spazio

---

[12] Per un quadro completo, vedi ISTAT, *Storia demografica dell'Italia dall'Unità a oggi*, 2023, https://webpub.istat.it/sites/default/files/pdf/Storia_demografica_Italia_4.pdf

domestico ma anche di tutte quelle mansioni che, seppur basandosi sull'uso prevalente dell'energia umana rispetto a un processo di professionalizzazione e specializzazione che per l'uomo era già cominciato, attenevano comunque alla produzione di beni. Nonostante questa differenza non da poco, si è ancora ben lontani dalla cesura che verrà a formarsi tra le occupazioni domestiche non retribuite (che spetteranno alle donne) e il lavoro retribuito (che spetterà agli uomini), e che prenderà invece campo con l'avanzare dell'industrializzazione e imprigionerà la donna (pur sollevandola da una parte di impegni) in un solo compito e in un solo ruolo. Allo stesso tempo, viene a crearsi anche una distanza fisica all'interno della famiglia che, diversamente da quanto avveniva nella società contadina, vedrà uomini e donne trovarsi a svolgere il proprio lavoro in ambienti lontani e molto diversi, caratteristica che è propria della famiglia moderna, dove il luogo di lavoro e il focolare domestico sono sempre altri l'uno rispetto all'altro. E se all'inizio del Novecento nascono anche opportunità di lavoro femminile retribuito, ad esempio nel settore del tessile o nella scuola, queste non riescono mai a mettere in discussione la tradizionale separazione sessuale dei ruoli lavorativi (i compiti assegnati a uomini e donne rimangono ben distinti e non intercambiabili) né le gerarchie sociali e di retribuzione (a discapito di quanto declamato dall'articolo 37 della Costituzione, dove è scritto chiaramente che «la donna lavoratrice ha gli stessi diritti e, a parità di lavoro, le stesse retribuzioni che spettano al lavoratore»). Nella scuola, ad esempio, «alle donne era riservata la possibilità di insegnare nelle classi elementari e il loro ruolo era concepito come educativo in senso morale piuttosto che in senso propriamente intellettuale, in sostanza un prolungamento del ruolo materno [...] pochissime erano le insegnanti di scuola superiore»[13].

Insomma, si viene a creare un modello comprensibile a tutti, alfabetizzati e non, e riproducibile (almeno parzialmente) da molti, due qualità che stanno alla base di qualsiasi successo "ideologico". Per i beneficiari di tale divisione, cioè gli uomini, la parte più importante stava nel garantire la riproducibilità nel tempo di tale modello, e per questo il maschio ha fatto di tutto per mantenere in piedi un sistema che lo avvantaggiava e al quale non intendeva rinunciare. Finito il secondo conflitto mondiale, quando l'uomo occidentale ha deciso di smettere di portarsi la guerra in casa (preferendo allontanarla e, se possibile, delegarla ad altri), per mantenere la propria posizione predominante ha sostituito gli onori della guerra (i cui rischi a essi correlati gli garantivano da sempre una serie di privilegi sociali) con quelli derivanti dal lavoro, e

---

[13] Per approfondire, leggere Adriana De Benedittis, *I lavori delle donne nella storia del '900 italiano*, 2001, https://web.uniroma1.it/disp/sites/default/files/I%20lavori%20delle%20donne%20nella%20storia.docx

proprio per tale ragione ha fatto di tutto perché questo rimanesse appannaggio quasi esclusivo dei componenti di sesso maschile della società (bisogna aspettare il 1963, ad esempio, per assistere al riconoscimento legislativo per l'accesso delle donne a tutte le cariche pubbliche e ci vogliono ancora dodici anni per la riforma della famiglia, nel 1975, con la quale si equipara la donna all'uomo). In Italia, in particolar modo, e con il fondamentale aiuto della Chiesa, si è continuato fino a tempi recentissimi a promulgare l'idea che lavoro e cura dei figli fossero due attività inconciliabili (e che la donna che preferisse il primo alla seconda fosse una donna che andasse in tal modo contro la sua stessa natura), il tutto allo scopo di tenere la popolazione femminile il più a lungo possibile lontana dall'emancipazione economica, che nel mondo occidentale sta alla base di qualsiasi forma di indipendenza. Una vera e propria prevaricazione che si è incrinata soltanto quando uno stipendio per famiglia è cominciato a non bastare più, quando si è smesso di rimanere incinta a intervalli regolari tra i diciotto e trentacinque anni e, quindi, quando le donne hanno potuto (dovuto) cominciare a studiare e a lavorare, e infine quando alcune di loro (poche, ma significative) sono riuscite a ricoprire importanti cariche pubbliche (e private) dimostrando che certi sogni potevano essere realizzati. E così in tante hanno scoperto che è molto più faticoso passare dieci ore a casa con i bambini che otto in qualsiasi ufficio o fabbrica, e, con l'avvento degli orari di lavoro part-time, che le due attività potevano essere conciliate. Quando, poi, l'avanzamento tecnologico ha ridotto l'impegno fisico necessario al compimento di molte mansioni, tante altre porte si sono aperte e tante altre continueranno ad aprirsi negli anni a venire. In contemporanea, ha contribuito all'emancipazione della donna (specialmente quella italiana) l'allentamento della presa della Chiesa cattolica sulle coscienze degli italiani. La

Chiesa, infatti, è stata per secoli l'insuperata custode della subalternità della femmina al maschio. È una gerarchia che esiste da sempre al suo interno e che, nel corso dei secoli, è stata propagandata con grande zelo dai membri del clero, che hanno potuto fare ricorso-a un vasto serbatoio di parabole ed esempi biblici, dalla famosa costola di Adamo in poi. Dopotutto, quello della donna a casa e del marito al lavoro (o in guerra) era il sistema più semplice per i detentori del potere temporale (lo Stato) e di quello spirituale (la Chiesa) per "far funzionare le cose" e tenere ognuno "al suo posto". Ma, come il maschio, anche la Chiesa ha risentito gravemente dell'avanzare dell'alfabetizzazione. Il suo mistero, e ministero, ha iniziato a vacillare quando il sacerdote ha perso via via quel ruolo di predicatore onnisciente che disegnava la strada da percorrere davanti agli occhi di una folla semianalfabeta e ogni celebrazione eucaristica rappresentava un'occasione per venire educati alla "verità". Quando l'alfabetizzazione si è diffusa, la Chiesa ha perso l'esclusività della scoperta e la sua presa si è allentata. I rituali eucaristici - a parte qualche parola del Padre Nostro - sono rimasti pressoché invariati, mentre le parrocchie si svuotavano e sempre più persone si allontanavano dalla religione. Così, se la donna ancora oggi sta facendo i conti con una conquistata modernità che cozza con secoli di storia che l'hanno vista esaudita e compiuta soltanto nella procreazione e nell'educazione dei figli, la figura del maschio occidentale ha già subìto una deformazione tale da renderlo quasi irriconoscibile rispetto anche a soli trent'anni fa. Il tutto a discapito di un ruolo, quello del genitore, che la società occidentale moderna (fatta di consumi e individualismo) ha messo all'angolo, rendendolo poco appetibile, e che i governi non sono stati in grado di supportare adeguatamente.

Chi sono, dunque, i giovani genitori italiani del XXI secolo? Visto che faccio parte della categoria, e tante delle problematiche che andrò a elencare riguardano anche me, non farò giri di parole. A mio parere, siamo una compagine striminzita e frammentata che è poco supportata da uno Stato che reagisce (se reagisce) con lentezza esasperante alle mutazioni sociali globali[14], che è bulimica, e facilmente condizionabile, di input sempre parziali e rapidi da digerire provenienti dai telefoni, e spesso è pure mal assortita, per via di improvvide scelte personali motivate, ormai da anni[15], dall'accontentarsi del partner, del lavoro,

---

[14] Dal sito dell'ISTAT: «Nel 2021, in Italia, la spesa pubblica per istruzione rappresenta il 4,1% del Pil, a fronte di una media Ue del 4,9%». E questo di fronte al bisogno ormai ubiquo di entrambi i genitori di lavorare, con il carico aggiuntivo – istruttivo e di sostegno emotivo – sul corpo docente, e sugli istituti scolastici tutti, che questo mutamento comporta. Tanto per dirne una.

[15] La data più circostanziata che mi viene in mente è il 2007, che corrisponde all'inizio della crisi finanziaria mondiale che ha introdotto nel gergo giornalistico quotidiano italiano la parola – appunto – *crisi*, che da allora non ne è più uscita ed è stata abbracciata con fervore dalla

del proprio Paese e della propria istruzione più che dalla ricerca del miglior esito possibile. Con la morte del modello *breadwinner*[16], di cui parlavamo prima, i rapporti di forza (e la distribuzione dei compiti) all'interno della famiglia sono saltati e la sensazione è che adesso si navighi tutti a vista, con quel che ne consegue. Se i compiti che vengono ricoperti dalle donne si sono di nuovo ampliati, in un ritorno al passato che ricorda quello della società preindustriale, la figura del maschio, in tanti casi, si è invece ridimensionata al punto da diventare quella di un parigrado biologicamente monco (non gestante, non allattante) della donna. Non è un bello spettacolo. Le ultime tracce del maschio *breadwinner* sopravvivono, spesso caricaturizzate, negli uomini di mezza età che si

---

popolazione, sempre ben ricettiva quando ha a disposizione una nuova scusa per giustificare le proprie mancanze. Ne consegue che, quando c'è *la crisi*, bisogna stare *coperti* e accontentarsi, perché potrebbe andare molto peggio. Potremmo, come si diceva non molti anni dopo, "fare la fine della Grecia".

[16] Lett. «colui che *porta a casa la pagnotta*», il capofamiglia.

sposano (o risposano) con donne ancora fertili, donne che non sperano certo che il coniuge si svegli tre volte a notte per riaddormentare il figlio, ma senza dubbio si aspettano che porti a casa uno stipendio sostanzioso e possa attingere a cospicue riserve di denaro. Il giovane padre contemporaneo è, invece, tutto in divenire. Il modello con cui è cresciuto, quello del *breadwinner*, è solo in parte replicabile perché, se è vero che certe qualità morali sono esercitabili oggi come trent'anni fa (e pure tremila anni fa), la posizione da cui vengono esercitate è mutata. È facile stare (e sentirsi) al comando quando in casa si è gli unici ad avere soldi in tasca, ad aver studiato e si è, per diritto (quasi) divino, identificati come i capifamiglia, diverso è doversi guadagnare il proprio spazio, e ruolo, di fronte ai figli e al resto del mondo. Molti fanno fatica.

Oggi, fra i genitori appartenenti alla generazione dei *millenial*, l'equilibrio tra lavoro e impegno a casa di ciascun coniuge viene concordato di caso in caso, a seconda delle situazioni specifiche, e questo dà vita a una *parità di genere* di cui le donne, detentrici esclusive per motivi biologici di alcune incombenze familiari, rischiano di diventare le prime vittime. In particolar modo se, come indicano le statistiche, la bilancia dell'impegno extrafamiliare inizierà a pendere con insistenza crescente sempre più dalla loro parte[17]. Per questo, a mio parere, la donna occidentale dovrebbe avanzare con cautela verso il feticcio della parità di genere, se questa ha come fine ultimo ridursi come il maschio, che troppo spesso è stato incapace di misurare il proprio valore con parametri diversi da quelli del successo lavorativo.

Detto ciò, mi preme sottolineare poi che la condizione del maschio contemporaneo appare

---

[17] I dati ISTAT (2022) raccontano come le coppie in cui i partner hanno lo stesso livello di istruzione (omogame) sono ancora maggioritarie (64,9%) ma in forte diminuzione, mentre crescono le coppie in cui il livello di istruzione di uno dei due partner supera quello dell'altro (eterogame). E a essere "davanti" in queste ultime sono (20,7% contro 14,4%) le donne.

più disgraziata di quanto non sia in realtà, e questo perché abbiamo ancora in mente il modello dei nostri padri, modello che tuttora domina la società ai piani più alti[18], e che per decenni ha rappresentato l'unico paradigma e, per taluni, continua a esserlo. Certo è che nel mercato del lavoro contemporaneo, in cui tanti ruoli scarseggiano di stimoli prodotti e retribuzione, in troppi, uomini e donne indistintamente, pur di portare a casa uno stipendio si accontentano di quel che trovano, e poi si lasciano coinvolgere in una disperata e tirannica corsa allo svago che sperano li aiuti a dimenticare il resto. Dirò di più, in certi casi diventa essa stessa uno scopo di vita. Siamo tutti, genitori e non, bullizzati da social

---

[18] 92,86% a 7,14% è il rapporto tra sindaci uomini e sindaci donne nei comuni con più di centomila abitanti (Rapporto Marla, 2023). Lo stesso rapporto evidenzia come dei dieci maggiori gruppi bancari italiani nove hanno un amministratore delegato uomo, così come delle cinquanta aziende con la capitalizzazione più alta quotate a Milano i CEO donna sono solo due e delle venti maggiori testate giornalistiche italiane sono sempre due quelle che hanno un direttore donna. Dei dieci maggiori telegiornali le donne direttrici sono addirittura zero e nelle università il rapporto tra rettori uomini e rettori donna è di 87 a 13.

network che ci allontanano dal prossimo e ci fanno sentire inadeguati anche quando seduti sul bagno di casa, e, per troppi, tutto questo conduce a relazioni instabili e tanta solitudine. Il Paese è attraversato da un esercito di ultratrentenni che si dichiara sempre stanco e sfiduciato, un popolo che «va di fretta da nessuna parte», come cantava Joey Ramone[19]. I maschi single, in particolar modo, menomati dalla perdita del proprio ruolo sociale - che li rendeva, nonostante tutto, appetibili alla categoria femminile (che non aveva molte alternative allo sposarsi) –, oggi, oltre che molto numerosi, appaiono completamente spaesati. Insicuri, insoddisfatti, proni alla lamentela e spesso profondamente immaturi, malgrado l'indebolimento sociale rimangono fisicamente avvantaggiati rispetto alla donna e, per questo, reclamano con atteggiamenti e parole un privilegio che non gli spetta più. Specialmente

---

[19] Joey Ramone, *Going Nowhere Fast*, 2014.

coloro, e rappresentano la maggioranza, che sono cresciuti in anni in cui l'unica raccomandazione rivolta al figlio maschio prima che uscisse di casa era quella di non mettere incinta nessuna. Non esistevano parole come *consenso,* e anche il rispetto dell'altro sesso era un concetto fumoso e spesso delegittimato quotidianamente dalla beceraggine patriarcale di figure di riferimento, non di rado parenti stretti, se non il proprio stesso padre. Al contrario, sono le figlie femmine, oggi come ieri, a doversi sorbire lunghe raccomandazioni riguardo ai rapporti non consensuali, alle stigmate sociali che derivano da *certi comportamenti* e, soprattutto, ai pericoli che si corrono rimanendo isolate in presenza di maschi. Anche questa, di certo, non una novità. In una storia dell'umanità costellata di sopraffazioni ed eccidi, è alla donna che è toccato spesso ingoiare il boccone più amaro. L'uomo (il maschio, nello specifico, vista la posizione dominante che ha quasi universalmente ricoperto) è stato capace di far estinguere intere specie animali e interi popoli, e sono convinto che lo stesso destino sarebbe spettato alla donna se questa non gli fosse stata indispensabile. Ancora oggi, in Italia (non certo un Paese considerato "violento"), il 31,5% delle 16-70enni (6 milioni 788 mila donne) ha subìto nel corso della propria vita una qualche forma di violenza fisica o sessuale[20]. Tutto questo mentre, a braccetto con la denatalità, si va verso una vita affettiva destinata, molto di più rispetto a quanto succedesse in passato, a essere divisa in capitoli (anche nell'età adulta, anche quando ci sono di mezzo figli piccoli), con il carico di stress emotivo e conseguenti reazioni, anche violente, che questi mutamenti si portano dietro. Tante persone si troveranno a entrare tardivamente nel ruolo di genitore, alcune approfitteranno dell'occasione per uscirne prematuramente, altre si sentiranno come se il ruolo gli stia venendo portato via ingiustamente.

---

[20]https://www.istat.it/it/violenza-sulle-donne/il-fenomeno/violenza-dentro-e-fuori-la-famiglia/numero-delle-vittime-e-forme-di-violenza

Tante si troveranno (e già si trovano) a gestire un figlio che non è il loro, che non hanno cercato, che non hanno educato e che non hanno voluto. Che effetti avrà tutto questo sulle generazioni future? Non positivi, ed è superfluo citare fonti e studi sull'argomento. Senza farla troppo lunga, dirò solo che è un'altra forma di precarietà che va, e andrà, a sommarsi a quelle che già devono essere affrontate dall'essere umano contemporaneo (occidentale). Precarietà che coinvolge tutti - genitori, non genitori e figli -, e allora si torna alla domanda che tanti miei coetanei si pongono: vale la pena complicarsi ulteriormente la vita diventando genitori? Vale la pena gravarsi di ancor più doveri e incertezze di quanti non preveda già la vita di coppia? Fosse anche la strada più "sicura" per ottenere quello spicchio di felicità che è possibile raggiungere in vita, la possibile ricompensa vale il rischio da correre e lo sforzo da compiere? Legarsi per sempre a qualcuno (il coniuge, del quale dopo averci avuto un figlio insieme non ci si libera più, i figli) e veder la propria vita *stravolta*? L'alternativa, almeno all'apparenza, è allettante e, di certo, più alla portata. Dopotutto, non esistono santi e maestri zen con figli e mogli a carico e, se ce li hanno, la prima cosa che fanno prima di avviarsi verso la santità (o la pace dei sensi) è abbandonarli. Ci sono i cani e i gatti per le carenze di affetto[21], lo sa bene Papa Francesco che si è lamentato più volte di questa *deriva animalesca,*[22] e i bambini si possono frequentare anche senza dover per forza metterseli in casa. Da quando i miei figli vanno a scuola, ho conosciuto molto più maestre senza figli di quante ne abbia incontrate appartenenti alla mia categoria. Donne di buon cuore e dotate di grande pazienza, che adorano i bambini, ma che preferiscono vivere un'esperienza che sia solo

[21]https://www.lastampa.it/la-zampa/2022/05/04/news/nelle_case_d_italia_cani_gatti_e_altri_animali_domestici_superano_gli_italiani_sono_oltre_62_milioni-367926722/

[22]https://www.ilmessaggero.it/vaticano/papa_francesco_figli_cani_famiglie_cosa_ha_detto-7809614.html

simil-genitoriale. Una specie di simulazione, pur con le tante responsabilità che derivano dal lavoro di maestra.

Anche sulle motivazioni che hanno indotto i giovani genitori italiani a fare il grande passo, c'è qualcosa da dire. Tante volte, in questi ultimi anni, mi sono chiesto come mai persone che hanno paura ad assumersi rischi anche di trascurabile entità (sociali, lavorativi, personali), che cercano continue rassicurazioni sullo schermo di un telefono e nel "buon senso comune" - sempre un po' bigotto, razzista e cerchiobottista –, all'improvviso si sono sentite pronte a intraprendere "l'avventura" della genitorialità. Cosa le ha spinte a fare quello che sembra essere considerato da molti un *salto in un buio prevedibile*? Ho provato a darmi qualche risposta.

La prima attiene al conformismo, nella sua definizione enciclopedica[23]. È la ragione più

---

[23] Dall'*Enciclopedia Treccani*: «Tendenza a conformarsi, anche solo in apparenza, a dottrine, usi, opinioni prevalenti socialmente e politicamente. Il

antica, la più ovvia, e non così moribonda come si potrebbe credere a guardare i numeri. È quella che, a suo tempo, ha indotto i *baby boomer* (e ancor più le generazioni precedenti) a fare figli in quantità che oggi verrebbero considerate "industriali", perché nessuno voleva sentirsi "diverso", perché era universalmente considerata "la cosa giusta da fare", addirittura - se si va più indietro negli anni - un argomento di cui era superfluo discutere. Ci si sposava per quello, si nasceva per quello. Era, e in misura molto minore è ancora, l'insieme di condizionamenti e convenzioni, volontariamente accettate dalla maggioranza, che spingeva in chiesa ogni domenica i nostri genitori e nonni, che teneva i maschi in ufficio fino alle otto di sera e le donne a casa, che faceva votare Democrazia Cristiana in massa ai maggiorenni e che faceva festeggiare

---

conformista tende infatti a fare proprie, in modo passivo, le dottrine politiche e religiose seguite dalla maggioranza dei componenti del gruppo cui appartiene».

nozze di platino a coppie che si ignoravano (o detestavano) da decenni (il divorzio è una conquista recente, anno 1970). Un insieme di valori - una vera e propria ideologia, sarebbe meglio chiamarla, visto come fosse considerata non solo l'unica strada, ma anche quella "naturale" - e costrizioni nelle quali l'Italia ha prosperato per mezzo secolo e che oggi sono state in gran parte soppiantate, dall'avvento dei social network in poi, dall'illusione di essere tutti diversi e speciali, di avere (quasi) tutti qualcosa da dire, che il bene e il male presenti nelle nostre vite dipendano solo da noi stessi e che *se non ce la facciamo* è solo colpa nostra - di conseguenza, *se ce la facciamo* è solo merito nostro - e che i nostri problemi sono solo i nostri. Tutte convinzioni alimentate spasmodicamente dai social, infestati da celebrity del self-help che non fanno che ripetere al mondo intero che esisti solo tu, che cane mangia cane, che l'unico aiuto nel quale puoi sperare è il tuo[24]. Un profluvio di vademecum comportamentali che, forse, possono aiutare a vincere una maratona, o fare carriera in una grande azienda, ma controproducenti a qualsiasi speranza di cambiamento globale, che si nutre indispensabilmente di artefici, ma - soprattutto - di *partecipi*. E invece, oggi, a trionfare è la celebrazione dell'individuo, mai del gruppo, ed è tutto un dibattere di GOAT di ogni ambito[25]. GOAT sportivi, GOAT della scienza, GOAT dell'arte. Un'ossessione individualistica che semplifica fino al completo travisamento le verità storiche, ed è buona soltanto a far sentire gli individui delle nullità che non si capacitano di come una persona "da sola" sia stata capace di tanto mentre loro, nelle stesse - se non in migliori - condizioni, di così poco.

---

[24] Anche libri come, ad esempio, *La legge dell'attrazione* (2006) dei coniugi Hicks, non così distanti come possono apparire di primo acchito dalle "opere" di ex Navy Seals come David Goggins o Jocko Willink. E poi, ovviamente, Tony Robbins, il decano dei life coach, e via dicendo.

[25] GOAT: Greatest Of All Time, «il migliore di sempre».

I risultati di questo cambio di prospettiva - che negli anni Sessanta e Settanta era all'opposto (e, infatti, si faceva un gran parlare di classi, di partiti e di comunità) - ce li abbiamo sotto gli occhi, e non è solo la denatalità: sono anche l'abuso di psicofarmaci che devono sopperire a solitudine e distanza, l'insoddisfazione diffusa e la sensazione di non appartenere a nulla. Una frammentazione ostile (basta leggere i commenti che si trovano sul web ai più disparati contenuti) ed egoistica che determina l'incapacità di qualsiasi movimento (politico e non) di perdurare (senza rinnegare i propri principi) fino a diventare davvero rilevante e mutativo (Occupy Wall Street, Black Lives Matters, #MeToo, Movimento 5 Stelle), qui come negli altri Paesi occidentali. I miti di oggi, visto che il successo individuale e i soldi rappresentano il termine di valutazione contemporaneo, sono diventati gli imprenditori (ormai onnipresenti e mattatori di podcast logorroici), che hanno sopravanzato artisti e sportivi, mentre i politici sono considerati feccia e, come lebbrosi, confinati in tv dove, ignorati dai giovani, predicano a una platea di anziani. Un'organizzazione di spazi che va a beneficio, e tiene al sicuro, chi è nella posizione di approfittarsi del "sistema" e in cui l'unica via di fuga è rappresentata da una ritirata primitivistica (il ritorno alla campagna), altrettanto irrilevante e solitaria.

Tornando alle ragioni per le quali si fanno figli oggi, ce n'è una più moderna rispetto ai retaggi del conformismo di cui abbiamo parlato prima, ed è quella che vede nella genitorialità la ricerca di un conforto a seguito del fallito raggiungimento dei propri obiettivi lavorativi. Una sorta di condono tombale della coscienza, un ripiego consolatorio di fronte all'impossibilità, diffusa, di raggiungere quel che si agognava davvero. Il lavoro diventa allora, e più che mai, qualcosa che si deve riuscire a sopportare senza troppo "dolore" e, contemporaneamente, si spera che i figli procurino il resto, cioè felicità (per quanto possibile) e accettazione sociale (almeno entro i confini della famiglia). Di nuovo, si punta tutto sul tempo libero, stavolta in compagnia di bambini, caricandolo di aspettative inottenibili che vengono immancabilmente disattese. E va da sé che mettere al mondo dei bambini come ripiego, o fuga, dal resto non può che condurre a innumerevoli criticità, di cui ce ne sono due che considero più gravi delle altre perché danneggiano direttamente i nascituri. La prima è investire i figli della responsabilità di riscattare i nostri fallimenti, la seconda - all'opposto - crescerli trasmettendo loro la convinzione che la vita non sia altro che disillusione e sopportazione, che "sapersi accontentare" sia il segreto dell'unica felicità possibile.

Terzo motivo (sbagliato) per il quale ho visto mettere al mondo un figlio, di certo il più scellerato, è quello che corrisponde al tentativo estremo (e folle) di puntellare con una gravidanza una relazione che è sul punto di crollare. La ricerca disperata di un collante di coppia che è inutile elencare quante volte abbia invece sortito l'effetto opposto, e quanti danni abbia questa scelta addotto non solo alla coppia (quanto dolore aggiunto) ma, soprattutto, al bambino.

Di certo queste cose succedevano anche in passato, però, visto che oggi la scelta di mettere al mondo un bambino è diventata tutto tranne che "obbligata", non posso negare che, almeno a me, facciano ancora più impressione.

Ovviamente, ci sono poi tutte quelle coppie che fanno il *grande passo* per le migliori ragioni e con le migliori intenzioni, che arricchiscono la propria vita tramite i figli e che ce la mettono tutta per dar loro il meglio, ma, tirando le somme e allargando lo sguardo al futuro dell'Italia, mi pare irrazionale aspettarci che dalle giovani famiglie "tradizionali" italiane possa uscire, in quantità e in qualità, un numero sufficiente di "nuove leve" capace di farsi carico dell'onere di salvare il Paese non solo da una lenta estinzione, ma da un destino – ben più prossimo – che lo vede trasformarsi ogni giorno di più in un luogo di villeggiatura dove la gran parte dei propri abitanti non potrà permettersi di villeggiare. Giorno che verrà quando i soldi dei nonni e dei genitori *baby boomer* saranno finiti, quei soldi che puntellano i magri salari contemporanei e garantiscono la pace sociale. Ma, per ora, nessuno sembra preoccuparsi (e occuparsi) davvero del problema. Incapaci di immaginarci sul serio in difficoltà, sensazione mai provata, confidiamo che, *alla fine*, ce la caveremo *in qualche modo*. Che il governo (nel quale non riponiamo alcuna fiducia), o l'Europa (quel carrozzone), non ci abbandonerà al nostro destino. Ci credono i figli e pure i nonni, il welfare del Paese, che sono sempre più longevi, attivi e lucidi. Fanno corsi di yoga tre volte a settimana fino a ottant'anni, vacanze in luoghi esotici e organizzano, con cadenza settimanale, cene con gli amici seguite da agguerrite partite a burraco. Hanno account su Facebook e TikTok e li utilizzano senza parsimonia. Si imbottiscono di fake news con la stessa ingenuità con cui i bambini raccolgono cibo da terra e lo mettono in bocca. Sono irriconoscibili rispetto ai loro stessi genitori. Se i nonni maschi, un tempo, rappresentavano la versione più severa del padre di famiglia - salvo poi sciogliersi, qua e là –, oggi è comune imbattersi in ultrasessantenni vestiti da adolescenti (tuta e sneaker), asserviti alle mogli (in poncho e occhiali da sole bianchi) e in balia delle bizze dei nipoti (o degli immancabili cani, con i quali dialogano come fossero esseri umani). Nati in un'epoca dove, in nome della carriera, gli era concesso saltare per intero la parte genitoriale ambientata nella prima infanzia, i nonni maschi vengono oggi trattati da inetti dalle mogli e manipolati a piacere dai nipoti. Attoniti e trafelati, spingono passeggini e rincorrono bambini nei parchi pubblici e lungo i marciapiedi. Disarmati di qualsiasi strumento educativo, li supplicano di dar loro retta e promettono qualsiasi cosa in cambio. Protestano per i troppi impegni quando i figli non possono sentirli, rimuginano su quanto diversa avevano immaginato la vecchiaia. Si disperano e fanno pressione sui figli, però, se di nipoti non ne hanno. È comune imbattersi anche in nonni separati, una novità di quest'epoca, così come succede, specialmente nei parchi pubblici, di fare la conoscenza di anziani signori che hanno studiato pediatria e pedagogia su Facebook e somministrano di nascosto integratori alimentari e verità inconfutabili ai nipoti perché ritengono i propri figli, e il loro coniuge, degli inetti (tanto per cambiare). È facile sentire ultrasessantenni infarcire il proprio umorismo con quel che pensano davvero dell'educazione che i figli stanno impartendo ai nipoti e biasimare la nuora che ha deciso di tornare al lavoro a soli sei mesi dal concepimento, rinchiudendo il figlio in un asilo dove non farà che ammalarsi e imparare chissà cosa da ragazzine che un figlio non l'hanno mai avuto.

Le battaglie predilette dai nonni si combattono, però, sul campo delle diete, dove interpretano con strenua dedizione il ruolo di sabotatori in nome di una spietata *captatio benevolentiae* a base di dolci e merende ipercaloriche. Perché niente teme di più un nonno della disaffezione dei nipoti; un conto è essere snobbati dai figli - che, com'è noto, sono degli ingrati -, un conto sono i nipoti.

A monte di tutto questo, un interrogativo che mi sono posto spesso nell'ultimo anno è se diventare padri e madri abbia reso me e i miei "colleghi" delle persone migliori. Se, dopo questi primi anni di sforzi e soddisfazioni, la qualità della nostra vita si è accresciuta e se siamo più felici adesso di quanto non lo fossimo prima. Sono certo, per quanto possa esserlo e considerando che ci sono sempre delle eccezioni, che amiamo tutti i nostri figli e che, almeno nelle intenzioni, cerchiamo di educarli al meglio. Vorremmo che fossero buoni d'animo, intelligenti, felici e pure capaci di farsi rispettare senza ricorrere a crudeltà e maleducazione. Obiettivi non da poco, che richiedono, da parte dei genitori, tempo, impegno, competenze e una certa dose di fortuna. Io per primo non saprei dire quanto successo stia avendo in questa impresa, né quanto ne stiano avendo i miei colleghi, ma di sicuro non posso negare di trovarmi quotidianamente davanti a molti compromessi. Difficile non incontrare ogni giorno bambini incapaci di mangiare o intrattenersi (al supermercato, al ristorante, per strada) senza un telefono davanti o di spostarsi, anche passati i cinque anni, senza un passeggino sotto il sedere. E, intorno a loro, genitori che mascherano dietro a sorrisi di circostanza - e sporadiche, quanto arrese, prese di coscienza - pensieri ben più cupi. Non dovrebbe esserlo, non lo era, ma è diventato anche questo: un mestiere solitario coltivato nel segno di un uno (o due) contro tutti che non fa che rendere la quotidianità ancor più faticosa. Specialmente in quei giorni, che non mancano mai nella vita di ogni genitore, in cui si ha la sensazione di esserci messi in trappola da soli, in cui non si può fare a meno di pensare che avremmo potuto, e forse *dovuto*, prendere una strada diversa. Quello sulla "diversa strada" è un dubbio ricorrente e dai confini sfumati, che spesso nulla ha a che fare con i figli nello specifico, ma con l'ampiezza della deviazione che si porta dietro la scelta di diventare genitore. Ci si allontana a tal punto da quel che era la nostra vita precedente che diventa difficile anche solo immaginare, senza farsi trasportare dagli umori (ora esaltati, ora sprofondati) del momento, quel che questa avrebbe potuto essere. Un giorno, uno di quelli difficili, ci si immagina capaci di mirabolanti imprese perché liberi dal giogo dei doveri genitoriali, l'altro – quando le cose vanno meglio – ci si figura vuoti, infelici e senza scopo. Inseguire queste fantasie è un passatempo crudele, e purtroppo inevitabile, per un genitore. E a riprova dell'impatto che ha questa scelta nella vita di un individuo, c'è il fatto che è difficile, direi quasi impossibile, imbattersi in qualcuno disposto ad ammettere che *aver fatto un figlio è stato un errore*. Un'affermazione del genere è un tabù oggi come lo era cento anni fa. È un pensiero introvabile, perché considerato innaturale, disumano e quindi impronunciabile. È concesso rimpiangere la forma – averli fatti al momento sbagliato (troppo presto o troppo tardi) o con la persona sbagliata ("Quello stronzo!") –, ma mai la sostanza. Si è incoraggiati a lamentarsi di quanto sia stato faticoso (lo fanno tutti), ma non è concesso ammettere che quelle risorse (fisiche e mentali) avremmo potuto impegnarle altrove, con maggior profitto. Per noi e per gli altri.

Mi sono posto il problema che la risposta più semplice a questa *anomalia statistica* sia che, in effetti, i figli siano sempre la scelta giusta. Per tutti, addirittura. Che a farne uno *non si sbaglia mai*, che è la *cosa più naturale del mondo*. Che chi ci rinuncia sbaglia e non sa cosa si perde. Però mi sono trovato davanti a un plebiscito talmente sfacciato – ed è tale la posta in palio – che credo che pochi genitori riescano a essere sinceri al riguardo. Ancor più dell'imprenditore che non riesce a lasciar andare l'azienda nella quale ha investito tutta la propria vita, certe parole diventano molto difficili da pronunciare per chi si è preso cura per decenni di un altro essere umano, anche se questo non è poi diventato quel che si sperava. E li capisco. Davvero. Però, è anche inverosimile credere che una scelta tanto impattante possa dare risultati così indistintamente positivi, soprattutto in un Paese di scoraggiati cronici come l'Italia[26], che però è costituito in maggioranza da persone che i figli li hanno fatti. Se davvero la "scelta più importante" ha prodotto risultati così gioiosi, perché paura, sfiducia e insoddisfazione dilagano? Forse, allora, questi figli tanto decantati non sono stati, e non sono, il successo di cui ci facciamo tanto vanto, il

[26] Secondo il rapporto annuale del CENSIS (2023), l'80% degli italiani pensa che l'Italia sia un Paese in declino. Secondo il report FragilItalia *Uno sguardo al futuro* (2024), due italiani su tre non si aspettano un miglioramento della situazione complessiva dell'Italia.

motivo di così tanta soddisfazione. Forse in troppi non sono riusciti a trasmettere ai figli i valori *giusti*, a lasciar loro in eredità un Paese migliore. Forse troppi genitori si sono fatti trascinare in un'avventura per la quale non erano tagliati, forse sognavano di fare altro e ci hanno rinunciato e i risultati, anche se taciuti, sono sotto gli occhi di tutti. O forse, invece, il problema sta tutto nel modo in cui viviamo, in quello di cui ci preoccupiamo troppo e quello che invece trascuriamo. In una società in cui ogni individuo, ricco o povero che sia, è solo un ingranaggio di un circolo senza fine di desiderio e consumo, l'infelicità non può che essere il comune denominatore e la denatalità una conseguenza inevitabile. Se anche coloro che hanno ogni mezzo a disposizione decidono di non mettere al mondo figli, vuol dire che altri interessi, spesso ben più ombelicali, hanno preso il sopravvento.

In generale, poi, quando tra coetanei si discute dell'argomento genitorialità ci si trova coinvolti in discussioni che sono lo specchio fedele di questi tempi. L'idea, com'è naturale che sia, attraversa la mente di tutti, e con particolare insistenza quella di tanti miei coetanei che hanno superato da un pezzo i trent'anni e che sono fermi, ormai da due decenni (o poco meno), in una routine extralavorativa, fatta di cene al ristorante, di aperitivi con gli amici e di serate trascorse sul divano davanti alla tv, che non gli trasmette più alcuno stimolo, ma dalla quale non sanno come uscire o che hanno paura ad abbandonare[27]. Insomma, quella stessa routine che noi genitori rimpiangiamo a intervalli regolari. In queste discussioni, gli argomenti portati a favore di una

---

[27] Dati ISTAT (2023): in Italia, il 33,2%dei nuclei familiari – la fetta più ampia della torta – è composta da famiglie che contengono una sola persona. Questo 33,2% è una percentuale che per la prima volta ha sorpassato quella delle coppie con figli, che costituiscono ormai solo il 31,2% delle famiglie e che entro il 2045 verranno sorpassate anche delle coppie senza figli (oggi al 18,9%, ma in forte ascesa). Se la tendenza rimarrà questa: le coppie con figli, che oggi rappresentano un terzo delle famiglie, nel 2045 arriveranno a rappresentarne meno di un quarto, che diventa addirittura il 15% se si prendono in considerazione solo le coppie con un figlio di età non superiore ai 19 anni. Le famiglie costituite da persone sole arriveranno invece a essere quasi il 39%.

vita senza bambini sono sempre gli stessi, e primo fra tutti è quello che riguarda le spese. Se ci sono due parole che dovrebbero fare rima – e invece non la fanno –, visto quanto spesso finiscono in due frasi consecutive, queste sono "soldi" e "figli". Non c'è modo di fuggire da quest'accoppiata. È il tormentone che fa da colonna sonora a un'estate che non passa mai. Prima di addentrarmi nell'argomento, così mi tolgo subito il dente, premetto che non intendo sostenere che i *costi di mantenimento* di un figlio non siano una preoccupazione legittima[28], ma con buona probabilità sono anche la più sopravvalutata. Sono la scusa – insieme a quella che considera i figli una rinuncia al *tempo libero,* e di cui parleremo subito dopo – dietro la quale un'intera generazione, la

[28] Secondo il rapporto annuale dell'INAPP (2023), tra il 1991 e il 2022 i salari reali in Italia sono cresciuti dell'1% a fronte del 32,5% in media registrato nell'area OCSE. L'ISTAT, dati aggiornati al 2020, dice che ci vogliono 175.000 euro di media per portare un neonato da zero a diciotto anni, senza sperperare e senza imbattersi in grossi imprevisti. Ne costa più di 300.000, invece, se vogliamo tutto il corredo: una casa più grande, delle belle vacanze, delle scuole valide, dei passatempi e dei vestiti sempre freschi.

mia, si sta nascondendo per sottrarsi da una "responsabilità" dalla quale ha tutto il diritto di sottrarsi, ma almeno dovrebbe farlo per motivi validi.

Nonostante il consueto panorama di tenebre economiche che sovrasta il nostro Paese, e non solo il nostro, infatti, non è sull'ammontare di denaro di cui disponiamo che dovremmo basare la decisione di mettere al mondo o no un figlio. Non è il parametro più importante, e neppure il secondo o il terzo. Non voglio fare la solita retorica terzomondista (o forse un po' voglio farla, visto che la nostra scala di valori - quella occidentale, intendo - è seriamente compromessa), ma è vero (sì, *vero*) che misuriamo tutto con il metro del valore in denaro e i conti economici che facciamo finiscono per condizionare la nostra vita ben più di quanto dovrebbero. Non riusciamo a resistere alla tentazione di quantificare in euro ogni scelta che ci troviamo davanti e da questa valutazione - che dovrebbe essere oggettiva, ma che più spesso, invece, è contaminata da paure e inclinazioni personali - facciamo conseguire le altre fino a renderci ridicoli, o irrazionali, oltre che, in certi casi, addirittura disonesti. Per fare un esempio, conosco persone che dispongono di patrimoni milionari eppure non riescono a resistere alla tentazione di piratare l'account Spotify o l'abbonamento a Sky, perché è tale il valore che diamo al denaro che, anche a fronte di risparmi insignificanti se rapportati al patrimonio di cui disponiamo, se sicuri di farla franca, non ci tiriamo indietro perfino dal commettere reati. Nel caso dei figli, partendo dalla prima infanzia, è certamente vero che gli asili costano e le medicine e i pannolini pure, che il prezzo di una vacanza e di una spesa al supermercato si impennano quando la famiglia si allarga e che, a volte, c'è bisogno di case e automobili più spaziose rispetto a quelle che ci facciamo bastare in coppia, ma è vero anche che, fin dall'inizio, i soldi che spendiamo per "far felici i figli" sono spesso troppi e utilizzati male. I giochi che ci mettiamo in casa sono abbondantemente eccessivi in numero (e troppo in fretta dimenticati), così come le mille attività a cui iscriviamo bambini che camminano appena. Lo stesso vale per i vestiti e per la pletora di accessori "indispensabili" che, tempo due mesi, finiscono immancabilmente in garage (o su subito.it) e poi al bidone della spazzatura: sdraiette vibranti, dondoli, carrellini, pupazzetti danzanti, libretti parlanti, palestrine, aspiratori di muco elettrici, termometri per ogni orifizio, tastiere pedagogiche. Una lista infinita di oggetti superflui che chiunque abbia avuto un figlio sa quanto sia spropositata e ingombrante, e sa anche che a un bambino, per essere contento, bastano un mestolo, un pentolino e dei genitori presenti (e possibilmente felici). Non c'è nemmeno bisogno di cinque coperte antisoffocamento, di tre cuscini (ognuno di un'altezza diversa) o di quella miriade di accessori che dovrebbero aiutare a conciliare il sonno del bambino, ma che funzionano solo nelle pubblicità.

Sto parlando di terribili carillon luminosi che proiettano stelle nel soffitto, di pupazzetti di panno che la mamma deve impregnare con il suo odore così che il neonato la creda sempre vicina (non è uno scherzo!), di culle vibranti (di nuovo!) a tre velocità e con cinque inclinazioni diverse. E poi costosissimi rimedi omeopatici per ogni inevitabile malanno di stagione, fragranze narcotizzanti (ovviamente tutte *naturali*) da spruzzare nel cuscino o da diffondere nell'aria, creme e shampoo da decine di euro a tubetto. E sarebbe l'ora di finirla anche con i regali alle maestre (sono loro le prime a non volerli!), con compleanni da decine di invitati per bambini che a malapena riconoscono i nonni (figuriamoci i presunti "amichetti"), con le cene di classe dove – storditi dal fracasso – si fa a gara per scappare a casa per primi. E, andando avanti, lo stesso pattern si perpetua e, anzi, si ingigantisce insieme alla crescita dei figli. La preoccupazione di non farli sentire da meno dei coetanei assume proporzioni gargantuesche e, di pari passo, cresce anche quella dei genitori che non vogliono mostrarsi "più poveri" dei "colleghi". Ogni oggetto posseduto, ogni vacanza fatta, viene messa a paragone con quella dei genitori degli amichetti, in una spirale consumistica che in nessun modo può condurre alla serenità d'animo, né al benessere del conto corrente.

Con questo voglio dire che non solo c'è modo di risparmiare rispetto a tante spese erroneamente ritenute indispensabili, ma soprattutto - e arrivo al vero punto della questione - che non sono i soldi da spendere (tanti o pochi che siano) che dovrebbero spaventarci quando ci troviamo di fronte alla scelta di diventare o no genitori, ma - piuttosto - altri fattori ben più decisivi, primo fra tutti quello che riguarda il tempo. Perché quello sì che è un dispendio - non rinnovabile, a differenza del denaro - che dovrebbe preoccupare gli aspiranti genitori, ma al cui riguardo - tanto per cambiare - i fraintendimenti si sprecano. Per capirci, è un po' il problema del dito e della luna[29]. Mi spiego meglio: alzi la mano chi non ha almeno tre amici - non uno, tre - che da quando sono diventati genitori *non hanno più tempo di fare nulla.* Sono ovunque ma, dispiace dirlo, sono tutti dei bugiardi. Ce ne sono vari tipi, più o meno sinceri. Nel caso dei *bugiardi sinceri,* spesso si tratta soltanto di neogenitori in cerca di compassione, giovani (non sempre così giovani) adulti che stanno vivendo un'esperienza trasformativa e che ci tengono che tutti gli altri siano al corrente della faticosità di tale impresa. E allora, non per cattiveria ma per disperato bisogno di attenzioni e solidarietà, esagerano ogni imprevisto e inciampo, e d'improvviso sembra che siano loro gli unici esseri umani ad aver affrontato l'esperienza della genitorialità e che i loro figli, soltanto i loro, pongano problematiche così abnormi che li privano anche solo del tempo di respirare.

[29] Un antico proverbio orientale dice che Quando il saggio indica la luna, lo sciocco guarda il dito.

Altri *bugiardi,* sempre *sinceri,* sono invece solo persone disorganizzate (lo erano ancor prima di diventare genitori) che non riescono a pianificare le proprie giornate intorno alla gestione di un bambino, e questo li costringe a vivere in uno stato di ansia perenne che inevitabilmente trabocca su tutti coloro che stanno loro vicino. Tra questi ci sono tutti coloro che non intendono spendere neppure dieci euro per un'ora di babysitter, o ricorrere all'aiuto dei detestati suoceri, ma preferiscono invece lamentarsi a oltranza.

Altri *bugiardi* ancora - questi, invece, ben più smaliziati e numerosi - hanno invece scoperto nei figli la scusa perfetta per sottrarsi alle cose che non hanno voglia di fare, e dietro di loro nascondono ogni rinuncia: ad esempio, ma gli esempi si sprecano, quella a praticare qualsiasi attività motoria, a cucinare e a mangiare cibo sano, a uscire di casa dopo il tramonto (con e senza figli), a mantenere decoroso il proprio aspetto esteriore, a organizzare vacanze diverse da quelle alla casa al mare (o in montagna) dei genitori.

Come tutte le bugie più efficaci, anche quelle che ho elencato sopra si reggono su una verità assodata e innegabile: i figli ci privano di una grossa fetta del nostro tempo (libero e non). O meglio, la ricollocano su sé stessi, e tanto di questo tempo è speso a fare una serie di attività (serve elencarle?) che non sono quelle a cui si aspirava per i nostri trenta-quarant'anni. Quello che ci tengo a sottolineare, però, è che l'impatto che hanno i figli sul nostro tempo ha poco a che vedere con le palestre e le cene con gli amici, mentre riguarda molto più l'utilizzo che si intende fare del tempo che abbiamo a disposizione in questa vita per raggiungere quello che riteniamo essere il nostro scopo (qualsiasi esso sia). Diventando genitori, è inutile girarci intorno, si sceglie di dedicare a una persona che neppure conosciamo una grossa fetta della risorsa non rinnovabile più preziosa che possediamo, e questo, inevitabilmente, ci mette di fronte dei paletti. Può benissimo anche aprirci delle nuove strade, ma è bene sapere prima a cosa si va incontro. Così come è bene sapere prima che è impossibile avere la certezza che ci troveremo a crescere degli esseri umani che si riveleranno d'animo buono e non l'opposto; così come non ci è permesso sapere in anticipo se vivranno tre o cent'anni e se rappresenteranno la parte più profonda della nostra felicità o della nostra disperazione. Inoltre, quale che sia la ragione per la quale si diventa genitori, nessuna può determinare da sola se ci riveleremo o no all'altezza del compito. Si può decidere di fare qualcosa per la ragione sbagliata ma poi farla bene, così come si può aver valutato male, seppur con sincerità, le proprie inclinazioni e trovarsi poi a far grossi danni.

Quello che voglio dire, in sintesi, è che è di questi aspetti più profondi che si dovrebbe parlare quando si discute di tempo in relazione ai figli, e non di quelle tre ore a settimana che, per qualche ragione, non riusciamo a mettere insieme per andare a correre al parco. Perché queste tre ore – per quanto il problema, in una certa misura, si ponga davvero – non sono nient'altro che una parte della replica infinita (per quanto umanamente comprensibile) della litania di lamentele recitata ogni giorno da troppi genitori, quella che li rende "inspiegabilmente" insopportabili ai non genitori e la peggior pubblicità possibile al "mestiere". Il lagnarsi di continuo, oltre che della mancanza di tempo, di quanto poco si è dormito, di quanto spesso i bambini si ammalano, di quanti soldi spendiamo in più rispetto a quando eravamo solo in due (che sorpresa!). E poi le smorfie, le pernacchie e il ventriloquio dei pupazzetti a beneficio di neonati indifferenti. E i video (i video di tutto), i resoconti degli open day della scuola materna e di quello che succede nel gruppo WhatsApp dell'asilo; di quegli zotici dei suoceri che riportano sempre a casa il bambino con le scarpe sporche di fango e, *dulcis in fundo*, la disastrosa retorica delle rinunce fatte a beneficio dei figli, quella che sottintende che sia meglio risparmiare a oltranza (e in eccesso) e vivere infelici in attesa di chissà quale bisogno (o disastro) economico, piuttosto che togliersi una soddisfazione ogni tanto e regalare un sorriso in più a noi stessi, al coniuge e al pargolo. E quel modo ossessivo di educarli urlandogli dietro storie di rapimenti e infortuni mortali appena si allontanano di un metro, per poi lamentarsi del fatto che da soli non sanno neppure infilarsi i pantaloni del pigiama. Una supervisione perenne che previene qualsiasi rapporto paritario, e autonomo, tra bambini. E così per ogni disputa, per ogni bisogno e imprevisto è necessario l'intervento di un adulto, un pattern che inevitabilmente continuerà a perpetuarsi anche quando il bambino non sarà più un bambino.

A tal proposito, mi preme dire che non sempre ci si rende conto di star utilizzando un metodo educativo sbagliato. Tante altre volte invece sì, ma si continua a utilizzarlo perché pigri o esausti. Credo inoltre che, non così frequentemente, un genitore capace di autocritica abbia la percezione di star facendo un buon lavoro con i propri figli, anche se in effetti lo sta facendo. Più spesso si ha l'impressione opposta, condizionati dagli eventi più prossimi (specialmente da quelli negativi) che ci fanno perdere di vista il quadro generale, già di per sé di difficile interpretazione. L'unica soluzione è stringere i denti e andare avanti cercando di fare del proprio meglio il più spesso possibile. La genitorialità non è una gara di eccellenza, dura troppo per poterlo essere, ma di sopravvivenza. Soprattutto oggi, in cui non è chiaro con quale metodo un genitore debba educare il proprio figlio. Non dico quello "giusto", ma almeno uno che funzioni. La "vecchia maniera", quella che prevedeva una dosa variabile, ma sempre presente, di schiaffi e sculacciate è stata sepolta ma non rimpiazzata, non da qualcosa di altrettanto immediato. Addentrandosi nell'argomento, si sente parlare di "disciplina positiva", di giochi di obiettivi e ricompense, di inviti al dialogo che richiedono un impegno, una preparazione e una dedizione prima impensabili, e oggi molto difficili da praticare vista la frequente necessità che hanno entrambi i genitori di lavorare. Questa nebulosità di metodo finisce per precipitare gli adulti (svuotati dal lavoro quotidiano delle energie di cui avrebbero bisogno per compiere al meglio il ruolo di educatori) in una condizione di arresa accondiscendenza e i figli in una tirannide che diventa ogni giorno più ingorda e insostenibile. Le concessioni da accordare al bambino per farlo "stare buono" iniziano come poca cosa, c'è spesso di mezzo il telefono, ma subiscono - è inevitabile - una crescita rapida ed esponenziale che non solo diventa impossibile da soddisfare, ma pure profondamente umiliante per il genitore che si accorge di star venendo meno al suo compito primario. Ci si accorge, potendone toccare i risultati con mano, di star immettendo nel sistema altri esseri umani che contribuiranno a peggiorarlo, persone che se fanno *qualcosa di buono* si aspettano qualcos'altro in cambio, che sono abituate a ottenere quel che vogliono solo perché lo chiedono. E non sia mai che - esasperati - vi scappi di dare una sberla in pubblico a vostro figlio, perché finirete "linciati" (almeno verbalmente) da evasori fiscali, da gente che parcheggia nei posti riservati ai disabili, da specialisti nel lancio della "prima pietra" che non si tireranno indietro di fronte all'incombenza di farvi sentire ancor più degli incapaci. Tutto questo mentre, come già detto, i social ci sbattono in faccia di continuo (a tutti, genitori e non) la felicità e i successi altrui. Famiglie sempre sorridenti e coppie che se la godono da mattina a sera. Sappiamo che sono bugie - finzioni di cui le prime vittime sono proprio coloro che le creano, i cosiddetti *content creator*, costretti a vomitare contenuti insignificanti ogni giorno nella speranza di restare *rilevanti* - eppure non riusciamo a non crederci. Afflitti da rimpianti per una vita che comunque non sarebbe stata possibile perché completamente falsa, fissiamo i telefoni, l'ininterrotta diarrea di contenuti che alimenta *feed* infiniti, e ci intristiamo[30]. Di fronte a tanta vuota frenesia di contenuti, la vita di un genitore sembra scorrere ancor più insopportabilmente lenta. Le conquiste dei figli (i primi passi, le prime parole) impiegano mesi (se non anni) ad arrivare e la maggior parte di queste perde qualsiasi profondità quando diventano degli show a favore di fotocamera. E poi non sono quelli i momenti migliori, quelli che rimangono impressi. O almeno questa è stata la mia esperienza finora. I momenti

---

30 Più che altro ci dovremmo intristire al pensiero che tanta libertà di esprimersi e l'assenza di mefistofelici intermediari (case di produzione, editori, partiti politici) non abbia dato origine a chissà quale rivoluzione (almeno artistica), ma all'opposto a un'omologazione ben più selvaggia che in passato. Perché tanta autocensura, perché tante pigre scopiazzature, perché tanti adulti fatti e finiti che ci implorano di mettere "Mi piace" ai loro video di unboxing?

migliori sono quelli imprevisti, in cui all'apparenza non succede nulla di considerevole (una conversazione avuta mentre si aspetta una visita pediatrica, una banana mangiata a metà in piena notte) e che acquistano significato grazie a un pregresso che il pubblico non conosce e che non sarebbe quindi capace di comprendere con l'immediatezza a cui è abituato a sorridere di fronte ai primi passi o le prime parole di un bambino. Il problema è che spesso noi genitori siamo talmente distratti e stimolati da altro che il rischio è farsi sfuggire questi attimi tra le dita. E così, se anche questi vanno perduti, i giorni finiscono per assomigliarsi tutti e appiccicarsi uno all'altro, si ricorda solo la fatica e la stanchezza e si perdono mesi interi dentro routine claustrofobiche sempre identiche a loro stesse.

Personalmente, e chiudo sull'argomento, considero esagerata anche la retorica dei *bambini che ti insegnano qualcosa ogni giorno*, ma è senz'altro vero che quando ti trovi a spiegar loro qualcosa di importante il primo a beneficiarne sei tu genitore. È un'occasione, frequente, di crescita personale, di ricordo di quel che conta davvero. Tra l'altro, se c'è una cosa, e forse è l'unica, che i figli assorbono di sicuro al di là dei vari metodi educativi, questo è l'esempio che ~~gli#~~ viene dato loro. I figli sanno chi sei davvero perché ti vedono ogni giorno, e ogni giorno vengono plasmati dalle tue azioni e dalle tue parole. Il bene e il male. L'onestà e la disonestà. La violenza e la mitezza. Il resto - le chiacchiere, le raccomandazioni, le minacce - lo porta via il vento. Anche per questo, forse, molti si tirano indietro e preferiscono rinunciare in partenza. Non si sentono in grando e hanno davanti agli occhi il frutto degli sforzi (o della negligenza) altrui, che non è una bella pubblicità. Ma è una perdita terribile, perché da sempre la genitorialità è una parte fondante dell'esperienza umana. Fin dalle origini della nostra specie è l'unico lascito al mondo concesso a "tutti". In vecchiaia, rappresenta la consapevolezza di aver fatto "la propria parte", di esser serviti a qualcosa anche se non si è stati poeti, scienziati o condottieri. I figli sono l'orgoglio dell'*uomo comune,* ateo o credente allo stesso modo. Difficile sostituire tutto questo con il lavoro, o infilando la testa sotto la sabbia, anche se gli esseri umani, specialmente gli occidentali, ci provano con sempre più insistenza.

Un errore che capita spesso di commettere è immaginare l'Occidente come lo specchio del mondo intero, l'evoluzione ultima della civiltà umana, mentre il resto del mondo, dominato da valori diversi, langue in società *ancora* organizzate secondo principi primitivi. Assorbendo, ognuno di noi, ogni giorno ore e ore di contenuti creati ad hoc per piacere agli occidentali e educarli (vedi la *deriva woke*[31] di questi ultimi anni) è facile illudersi che le cose debbano funzionare per forza così e dimenticarci che, invece, sono miliardi di persone, non per forza geograficamente lontane, che invece rifiutano queste idee. Tanti Paesi, ad esempio, fanno dell'organizzazione patriarcale la propria forza (proprio come faceva l'Occidente fino a poco fa), nonché un valore da difendere a ogni costo. Questo scostamento di prospettiva su quelli che devono essere i valori fondanti di una società, un

[31] Il film *Barbie* (2023) di Greta Gerwig ne è un fulgido esempio.

tempo molto meno marcato, ha comportato un crollo delle capacità propagandistiche di Hollywood (e delle più giovani piattaforme di streaming), che era stata capace invece, fino a non molti anni fa, attraverso i film e i divi che li interpretavano, di farsi promotrice di valori che venivano, magari segretamente, condivisi e ammirati ovunque, non importa se si trattasse di Paesi capitalisti o comunisti, di dittature o di democrazie. Una vera e propria *arma d'influenza* che ha fatto la fortuna degli Stati Uniti, che ha permesso al Paese di attrarre intelligenze cruciali al mantenimento del suo *dominio* da tutto il mondo[32], ma che oggi ha perso gran parte del suo slancio perché una parte del mondo (l'Occidente) a livello culturale sta vivendo una confusa fase di transizione, mentre l'altra (ben più ampia) è rimasta salda nei suoi principi. Una lontananza

[32] Basta guardare le provenienze dei CEO di alcune delle principali aziende del paese: Elon Musk (Tesla) è nato in Sudafrica, Satya Nadella (Microsoft) in India così come Sundar Pichai (Alphabet), Jensen Huang (Nvidia) è di Taiwan, etc.

che, come detto, non è però fisica né economica, perché il mercato mantiene la sua vocazione globale e i flussi migratori costringono già da tempo alla convivenza nello stesso luogo di comunità anche opposte dal punto di vista identitario. E se gli Stati Uniti, storicamente, hanno fatto di queste "convivenze" forzate il proprio valore aggiunto, seppur adesso certe *crepe* si siano fatte evidenti e la spinta demografica da queste garantita sia rallentata, l'Europa – frammentata come è sempre stata fin dalla sua fondazione – non ha mai disposto della stessa capacità di compattare genti diverse e farle lavorare verso un obiettivo comune, proprio perché questo obiettivo non esiste o, per dirla meglio, è spesso diverso per ogni Paese membro[33].

---

[33] «Stando al censimento del 2020, la popolazione americana è aumentata di 20 milioni in dieci anni, un incremento del 7%. Con un'età media di 38 anni, di due anni più bassa di quella russa, di 11 anni più giovane della tedesca, medesima di quella cinese. Ma tra il 1980 e il 2020 i russi sono invecchiati di 10 anni, i tedeschi di 13, i cinesi di 18, gli statunitensi di appena 8 anni. Nel 2035 l'età media della popolazione russa dovrebbe toccare 44 anni, quella cinese 46, quella tedesca 51, mentre quella americana 40. A determinare tale effervescenza, il continuo arrivo degli

Minoritario in numero, è l'uomo occidentale a non sapere più in cosa credere, preda di fake news e precario sul lavoro e a casa. In cuor suo sa che la strada che sta percorrendo non lo condurrà mai alla felicità, ma continua a percorrerla a testa bassa. Non crede in niente perché crede a tutto, e per questo non vede alternative alla sua condizione presente. È convinto di vivere in un labirinto senza uscita, che nulla possa cambiare, che l'essere umano sia votato per natura alla prevaricazione e che le disuguaglianze, anche quelle abissali, siano un male necessario per le società civili più evolute. *Familiarizza* tramite la tecnologia con estranei, si preoccupa del loro giudizio fino a farne una malattia, ma trascura le persone che ha intorno e con le quali è cresciuto.

---

immigrati e la prolificità dei loro discendenti. Nell'ultimo decennio la popolazione statunitense di origine ispanica è cresciuta di 12 milioni, per 62 milioni totali, quella di ascendenza asiatica di 7 milioni, per 24 milioni totali. Gli immigrati conservano lo sguardo violento della nazione sul mondo, necessario per non finire travolti dalla crudeltà altrui, acuita dalle umiliazioni subite dalla super(potenza) statunitense nel corso dei decenni». Da Dario Fabbri, *Geopolitica Umana*, Gribaudo, Milano 2023, pp. 92-93.

Tutti possiamo scriverci e chiamarci in ogni momento, ma ci sentiamo più soli che mai. E visto che la storia insegna che indietro non si torna, è solo andando avanti - speriamo il più velocemente possibile - che, forse, recupereremo qualcosa di quel che abbiamo perduto. Un ottimista potrebbe sperare che tutto questo succederà se la tecnologia riuscirà a mettere in comunicazione i nostri pensieri, e liberarci quindi dalle mediazioni e i camuffamenti comportamentali che abbiamo sviluppato nel corso del tempo per farci accettare in società, ma è troppo presto per fare previsioni del genere e, conoscendo la storia dell'umanità, viene difficile liberarsi dal sospetto che, presi dall'urgenza di monetizzare tutto, troveremo comunque il modo di darci la zappa sui piedi.

Intanto, via via che il discorso pubblico intorno all'Intelligenza Artificiale Generativa si amplia (AGI, in inglese, che, traduco da Wikipedia, è un tipo di intelligenza artificiale che può eseguire, al pari - o meglio - degli esseri umani un'ampia gamma di compiti cognitivi) e le guerre, anche nel territorio dell'Occidente, tornano di moda, si accresce la schiera di coloro che sono convinti che l'unico modo rimasto al genere umano per fermare la propria estinzione sia delegare a un'entità terza (quindi non umana) il governo del pianeta. Sembra un proposito campato in aria, fantascientifico, forse pure una grossolana sopravvalutazione delle capacità di un'AGI, ma dà la misura di come riteniamo la specie umana intrinsecamente volta alla sopraffazione altrui e incapace di un vero cambiamento, entrambe qualità che unite agli armamenti atomici disponibili oggi indicano una strada ben precisa. Il dubbio che mi viene al riguardo, semmai, se davvero dovesse esistere in futuro un governo mondiale a guida non umana, riguarda il motivo che dovrebbe spingere un'AGI a lasciarci in vita. In cosa potremmo esserle utile? Anche nell'ipotesi peggiore, anche se ridotti in schiavitù, a cosa potrebbero servire degli schiavi (umani) se scomparisse il bisogno di zappare campi, costruire castelli e combattere guerre? Non è un caso che, specialmente in tempi recenti, quando si parla di futuro e di fantascienza siano le distopie ad affollare le sceneggiature di film, di serie tv, le trame di tanti videogiochi e le pagine di altrettanti libri, non certo prospettive di pace e uguaglianza. Si tratta sempre di mondi (o universi) che sono stati completamente anestetizzati, oppure precipitati nel caos perché vittime di catastrofi nucleari, di disastri ambientali, di terribili guerre (o epidemie) e che si presentano più divisi che mai[34].

Di solito, i ricchi se ne stanno comodi, ma segregati, da qualche parte e i poveri (ancora destinati a impieghi e vite terribili) ammassati da tutt'altra. E, a seguire, le inevitabili *lotte di classe*, reiterazioni di un passato hobbesiano familiare a

[34] *Snowpiercer* (Bong Joon-ho, 2013), *I figli degli uomini* (Alfonso Cuarón, 2006), *V per Vendetta* (James McTeigue, 2005) e via dicendo, per quando riguarda i film. E poi videogiochi come *Fallout (1997), The Last of Us* (2013), etc. Gli esempi sono innumerevoli.

tutti i popoli e che non cessa mai di ripetersi, anche nelle opere di fantasia.

Al riguardo, c'è da dire che l'essere umano basa ormai da secoli la sua interpretazione del mondo, e quindi la previsione del futuro, sul rapporto inscindibile tra uomo e lavoro e in quello tra dominatori-dominati, e che un futuro in cui questi legami dovessero rompersi risulta di difficile immaginazione. Che scopo avrebbe la vita dell'essere umano, ci domandiamo, se liberato dalla necessità di lavorare? Come impiegherebbe il proprio tempo, in che modo nobiliterebbe la propria esistenza, se disponesse di un reddito che gli permettesse di condurre una vita dignitosa senza la necessità di trovarsi un impiego che lo tenga occupato per la maggior parte della giornata? Quale forma di governo sarebbe in grado di garantire l'ordine e la pace se venissero meno le convenzioni, e costrizioni, che reggono la nostra società da secoli? Come vivremmo se nessun bene scarseggiasse più, se avessimo tutti a disposizione quel che ci serve e non ci fosse più bisogno di qualcuno costretto a vivere in condizioni disumane così che altri possano sperperare a piacimento? Un mondo, per intendersi, fatto da Wikipedia e Patagonia[35] invece che da Microsoft (o Google, o Apple, o Exxon). Riusciremmo (come civiltà) a seguire le orme di quei gruppi musicali che una volta raggiunto il successo commerciale producono le loro opere più originali (vedi i Beatles), o finiremmo come quegli artisti che esaurito lo stimolo generato dal desiderio di arricchimento economico si lasciano andare e compiono il percorso inverso[36]? Riusciremmo a essere felici e creativi senza poter più attingere alla "sofferenza" e alla fatica provocate dal tribolare quotidiano? Riusciremmo

[35] L'ex proprietario Yvon Chouinard ha ceduto il 100% delle azioni con diritto di voto al Patagonia Purpose Trust, creato per tutelare e proteggere i valori dell'azienda, mentre il 100% delle azioni senza diritto di voto è andato all'Holdfast Collective, un'associazione non profit che si dedica a combattere la crisi ambientale e a difondere la natura.

[36] Al riguardo, leggere l'ottimo saggio *Desiderio postcapitalista* (minimum fax, 2022) di Mark Fisher.

a "godere" se smettessimo di provare giorno dopo giorno il sentimento opposto?

Come ho già detto, è difficile anche solo immaginare un futuro simile. Provandoci, ci viene in mente un'anarchia violenta fatta di tutti contro tutti, oppure un comunismo deviato e autoritario (l'unico che abbiamo visto all'opera), tanto siamo convinti della nostra (o meglio, di quella degli altri) incapacità di convivere pacificamente, e da eguali, senza che qualcuno ci costringa, attraverso la minaccia di una punizione, a farlo. Di certo, la rivoluzione tecnologica iniziata con l'avvento di Internet rappresenta un cambiamento epocale per l'autonomia sia dei singoli individui sia degli Stati, i quali, malgrado lo strepitare e il legiferare compulsivo, non hanno un reale controllo su eventi che sono in moto da ormai più di tre decenni. Forse il governo americano e quello cinese ne hanno un po', ma sperare che due entità che si contendono il dominio del pianeta abbiano a cuore un futuro di pace e uguaglianza diffusa sarebbe un pensiero troppo ingenuo anche per il più innocente dei bambini. Allo stesso modo, neppure da aziende e privati arrivano delle rassicurazioni convincenti. Il carrozzone dell l'IA, in particolar modo, è in mano a un pugno di aziende i cui CEO ricordano Robert Oppenheimer quando sosteneva che la bomba atomica avrebbe rappresentato il deterrente capace di prevenire qualsiasi guerra futura, e poi sappiamo com'è finita. Si dicono *very concerned* da qualsiasi minaccia che riguardi l'uomo, ma quali siano le precauzioni che stanno davvero prendendo, e quanto queste si riveleranno efficaci di fronte a una tecnologia potenzialmente onnisciente e capace di decisioni autonome, è difficile saperlo. Ci assicurano - senza troppa convinzione - che andrà tutto bene, che l'AGI accompagnerà per mano l'essere umano a fare scoperte scientifiche altrimenti impossibili e "tutti" ne beneficeremo immensamente. Ci guiderà per la galassia e oltre i limiti dell'umano, ma nessuno di questi CEO regolarmente intervistati nei più svariati podcast ha piacere ad approfondire il ruolo che avremo in questo processo e quanto ne risulteremo cambiati. E, così, torniamo di nuovo alle distopie, com'è inevitabile che sia vivendo in un mondo nel quale la felicità dell'individuo è un obiettivo solo apparente, un'illusione che ha come unico scopo quello di generare guadagni. E lo è, l'ho già detto, anche per i più ricchi, vittime del denaro quanto i poveri, che nelle interviste non mancano di ripetere quanto amano i figli ma proprio a loro stanno apparecchiando un futuro traballante e nel presente vivono intrappolati in routine claustrofobiche (che loro stessi dettagliano volentieri) in cui i figli, facendo due conti, li vedono, forse, a cena. Dimostrazione di quanto anche il cosiddetto 1% del mondo, i più privilegiati tra i privilegiati, faccia fatica a immaginarsi, ancor prima che porsi, al di fuori di quella ruota per criceti che è la vita dell'uomo occidentale.

Ma torniamo al presente, perché il problema più grave che ci troviamo a fronteggiare, quello della denatalità, sta già avendo un forte impatto sul nostro Paese. Ha già causato un sensibile indebolimento del mercato interno, una diffusa difficoltà a reperire manodopera specializzata e non e un aumento della spesa previdenziale, assistenziale e sanitaria che va ogni anno di più a inibire la capacità dello Stato italiano di investire sul futuro delle generazioni più giovani. Tutte problematiche che richiedono un intervento immediato e che non si può certo sperare di risolvere facendo affidamento solo sulle nostre, poche, forze. Come ha spiegato il presidente dell'ISTAT, Gian Carlo Blangiardo, a margine di un evento tenutosi ad aprile 2024, «i dati ci dicono che un italiano, in media: per 20 anni studia, per 45,4 lavora e per 17 anni si gode la pensione. Quando arriva un immigrato, invece: studia per 2 anni, chiaramente perché non sono tutti bambini quelli che arrivano in Italia, lavora per 33,7 anni, ma la pensiona dura 17 anni come per gli italiani. In pratica – spiega il presidente ISTAT – se arriva un neonato lavora e produce di più, se arriva l'immigrato, produce prima»[37]. Per questo motivo è evidente che sarà compito degli Stati che hanno a cuore la propria sopravvivenza adoperarsi al più presto per porre rimedio alla crisi demografica ed economica che li affligge, e questo vorrà dire – inevitabilmente – attrarre anche capitale umano dall'estero. Non c'è politica sociale che il governo italiano (di qualsiasi orientamento politico) possa attuare per riportare l'Italia a un dato di fecondità che gli permetta di assicurarsi un futuro sostenibile, e comunque una politica di questo genere impiegherebbe troppo tempo a dare risultati, perciò ne consegue che il problema del nostro Paese non è che arrivano troppi migranti, ma che sono troppi pochi (e mal integrati) quelli

---

[37] L'evento era "Per un'Europa più giovane: transizione demografica, ambiente, futuro", tenutosi venerdì 12 aprile 2024 presso la Camera di Commercio di Roma.

che scelgono di rimanere. E prima che si scateni una gara - che non vinceremo mai - tra Stati "anziani" ad attrarre capitale umano dall'estero, o si verifichi una vera e propria invasione incontrollata dall'esito impronosticabile, dovremmo portarci avanti con il lavoro e sfruttare l'unicità della nostra posizione geografica, e l'attrattività dell'Italia sotto tanti aspetti, per convincere tante persone che qui un futuro migliore è possibile e lo si può ottenere in condizioni di legalità. Dobbiamo poi ricordarci che non si tratta di convincere delle persone, provenienti da Paesi in difficoltà oppure no, a venire a vivere nella tundra, ma nel "più bel Paese al mondo". Vanno attratti, con modalità diverse, sia professionisti sia persone non qualificate che il mestiere lo impareranno qua, ma è certo che, per quanto riguarda le seconde, è necessario ripensare interamente il modo in cui certi popoli provenienti dal Sud del mondo hanno accesso al nostro Paese. Va posta fine, nel più breve tempo possibile, alla disumana migrazione clandestina fatta di barconi e attraversamento del deserto, e dev'essere sostituita da accordi ufficiali volti a organizzare un vero e proprio scambio di risorse. È inutile girarci intorno, perché di questo si tratta. Noi abbiamo bisogno di giovani, di entusiasmo e di energia, e tanti Paesi africani, e non solo, di formazione e investimenti. È uno scambio che dev'essere fatto - e che, in parte, è già in corso - ma va potenziato e "istituzionalizzato". Devono essere allocate risorse economiche e umane per il suo sviluppo. Così come abbiamo fatto arrivare medici da Cuba e dell'Argentina per sopperire alle lacune del nostro sistema sanitario (iniziative da ripetere e potenziare), così è necessario aprire un canale ufficiale di scambio con quei Paesi in cui la maggior parte degli abitanti non può ambire a un futuro dignitoso. Bisogna creare un sistema di scambio e collaborazione che sia di beneficio per entrambi, fondato su istruzione e formazione. Una *comunione etnica* è il nome che gli ho dato. Perché non si tratta di travasare popoli da un continente all'altro, non si tratta di sostituire culture e tradizioni, ma di creare un canale di scambio che produca reciproco arricchimento e che ci permetta di uscire dalla dicotomia che vede interi popoli, giovanissimi, abbandonati al loro destino, e altri, anziani, chiusi in loro stessi e destinati alla scomparsa. Vanno messe da parte quelle paure di sostituzione etnica e colonizzazione che dipendono da nient'altro che da ignoranza e da una grave sfiducia in noi stessi, dall'incapacità di vederci in grado di mantenere le nostre specificità anche in presenza di esseri umani nati in un Paese diverso. Abbiamo paura di chi viene da fuori perché sappiamo quanto debole sia l'Italia in questo momento, quanto desti preoccupazione l'idea che qualcuno venga a portarci via il benessere a cui siamo abituati. Non riusciamo a scorgere, pur avendo sotto gli occhi gli straordinari risultati raggiunti da uno sport multietnico come l'atletica, o il fiorire di voci "straniere" nel panorama musicale, le opportunità offerte da una società davvero multiculturale - e a molti, vista l'età, non interessano neppure - ma solo le minacce, che invece vediamo benissimo, come quegli anziani che, affacciati alla finestra di casa, guardano storto il turista in visita al paesello senza comprendere il valore della sua presenza. Non crediamo in un futuro migliore perché non riusciamo a immaginarci migliori di quello che siamo adesso. Perché ci sentiamo "divisi" tra Nord e Sud e figuriamoci cosa può succedere se facciamo entrare gente che arriva dall'Africa o dall'altra parte del mondo. Ci dimentichiamo anche di come oggi sia di fatto impossibile eseguire dei lavori in casa senza ricorrere a una ditta che non abbia tra i suoi dipendenti (o proprietari) almeno un rumeno o un albanese (per non parlare delle badanti, donne di ogni provenienza), altri due popoli che abbiamo disprezzato (e continuiamo, come minimo, a guardare dall'alto in basso), ma che sono riusciti, con successo, a inserirsi nel nostro tessuto economico. E se alcuni tra loro hanno imparato a galleggiare nell'evasione fiscale e nelle furberie, a pensare in piccolo, a tirare a campare, è perché forse gliel'abbiamo insegnato noi; perché non gli abbiamo mostrato, non credendoci per primi, che le cose possono funzionare diversamente. Perché da noi i "neri" sono quelli che bivaccano intorno alle stazioni dei treni, non come altrove (e penso a Paesi che ci sono vicini geograficamente, non serve andare chissà quanto lontano) dove le coppie (etnicamente) miste sono ben più diffuse e gli imprenditori di origine straniera una realtà consolidata. I cosiddetti *immigrati* rappresentano una "minaccia" se non hanno nulla da perdere, così come la rappresentano gli italiani che si trovano nella stessa condizione. Instradare una persona verso un futuro diverso dalla miseria e dall'isolamento significa disinnescare la minaccia. Se invece costringiamo gli immigrati ad arrivare con i barconi dopo aver fatto loro attraversare il deserto a piedi ed essere stati presi a cinghiate per settimane sulle coste libiche e tunisine, ammassandoli poi, una volta sbarcati, in centri di accoglienza sovrappopolati dai quali in seguito scappano (o vengono lasciati scappare) per paura di essere rimpatriati, allora è certo che finiranno per strada e si creeranno il degrado, i crimini e le radicalizzazioni. Ma per uscire da questi schemi mentali c'è bisogno che i giovani, gli italiani del futuro, vedano con i loro occhi come si vive nel *Sud del mondo* e chi sono le persone che lo abitano, perché è dall'ignoranza (propria o tramandata) che nascono la paura e l'odio. Invece che imbarcarsi in superflue gite alla volta di Londra o Madrid - che si risolvono spesso, da parte degli studenti, nella ricerca spasmodica di un modo per fumare erba e bere alcol senza essere scoperti –, dove non si fa esperienza di nulla che sia davvero nuovo e rivelatorio, è verso il *Sud* che dovremmo mandare i giovani, per aprir loro gli occhi, liberarli dalle paure che genitori e nonni gli hanno inculcato, e iniziare a creare un futuro che non ci veda costretti ogni anno ad andare in Europa con il piattino in bocca a supplicare soldi. C'è bisogno che l'Italia torni a essere indipendente e competitiva almeno nei settori in cui è storicamente più forte, e non ci può certo riuscire con la spinta demografica di cui dispone oggi e che è destinata a peggiorare ulteriormente. Allo stesso tempo, è lampante anche il bisogno che ha l'Europa di trovare quell'unità di intenti mai avuta che le sarà indispensabile per sopravvivere. In tema di immigrazione, di economia, di difesa. Tutti argomenti, questi, che per vocazione dovrebbero interessare la sinistra, ma pure una destra che abbia a cuore l'autodeterminazione e l'indipendenza (economica, ma non solo) del Paese. E invece, troppo spesso, nei bar come in parlamento, si preferisce eludere l'argomento e, se proprio si deve affrontarlo, si urla alla sostituzione etnica, al degrado e a spedire gente in Albania senza poi davvero cambiare nulla. Sono le urla di politici e cittadini che stanno contribuendo attivamente a trascinare L'Italia verso il baratro dell'estinzione e dell'irrilevanza, e che, una legislatura alla volta, intendono dargli l'ultima spinta.

Questo è un Paese che ha bisogno di ossigeno, di diversità e di nuovi stimoli in tutti i settori, perché in caso contrario bisognerà abituarsi a un tenore di vita molto più frugale di quello auspicato da molti. Per quanto riguarda i giovani italiani, *mettere su famiglia* deve tornare a essere un momento che si inserisce in modo naturale all'interno della vita delle persone, e non uno shock. È inutile lamentarsi della *pasta* di cui sono fatti i *millenial,* e generazione seguenti, se questi non possono ambire a comprarsi una casa con i propri soldi, a fare un lavoro che li gratifichi, a vedere una reale prospettiva di ascesa sociale, tutti benefici di cui le generazioni precedenti hanno, invece, goduto. Non c'è futuro se una larga fetta della popolazione ha come principale preoccupazione la pensione e l'accantonamento di soldi per l'ospizio, se ride delle settimane lavorative corte e dello *smart working* e le vede come scuse per i giovani di fare meno di quel che potrebbero. Preferiamo davvero invecchiare, impoverirci e intristirci in solitudine mentre interi Paesi composti da giovani languono nella miseria? Non c'è motivo per cui debba andare così e, anzi, dovremmo farci promotori di un cambiamento, indispensabile, che non è affatto scisso da benefici reciproci.

Chiudo dicendo che, chissà, forse in un futuro non più così lontano queste mie parole verranno lette con un sorriso sulle labbra da un'umanità ormai *robotizzata* e immortale, che non ha più bisogno di riprodursi perché inserisce alla bisogna nel proprio corpo pezzi di ricambio e medicinali creati su misura. Un'"umanità" (se avrà ancora senso chiamarla così) che guarderà a questi anni "bizzarri" come gli ultimi di un'epoca selvaggia, emozionante e ormai trascorsa. Un po' come noi, oggi, guardiamo, anzi immaginiamo, le minacce che attendevano gli uomini preistorici fuori dalle grotte o i massacri che si consumavano nelle praterie del selvaggio West americano. Chissà che "umanità" sarà, magari confinata in un mondo virtuale dove non potrà più nuocere a sé stessa e al pianeta, dove ogni piaga sociale e ambientale, ogni conflitto, verranno risolti con una patch prima che conducano a un irreversibile, per quanto virtuale, *game over*.

Per ora, mi rifiuto di credere che il genere umano, l'Italia, sia davvero incapace di immaginarsi diversa da com'è oggi. Che preferisca, davvero, l'autodistruzione al cambiamento.

www.ingramcontent.com/pod-product-compliance
Lightning Source LLC
LaVergne TN
LVHW050600160826
845677LV00011B/2387

* 9 7 9 1 2 2 1 0 6 5 1 0 7 *